首都文化旅游产品质量评价指标研究

——以北京博物馆文化旅游产品为例

王 静　王玉霞◎等著

图书在版编目（CIP）数据

首都文化旅游产品质量评价指标研究：以北京博物馆文化旅游产品为例/王静等著.
—北京：知识产权出版社，2016.6

ISBN 978-7-5130-4240-6

Ⅰ.①首… Ⅱ.①王… Ⅲ.①旅游文化—旅游产品—产品质量—评价指标—研究—北京市 Ⅳ.①F592.71

中国版本图书馆CIP数据核字（2016）第140984号

内容提要

本书主要分为六章。第一章是基本概念与理论基础。第二章从资源概况、客源结构等入手分析了北京博物馆文化旅游的现状。第三章与第四章属于综述性质，在已有研究的基础上，对文化旅游产品质量的影响因素和评价方法进行了总结，并运用因子分析法的流程对博物馆文化旅游产品的质量评价进行描述。第五章综合分析博物馆的多种属性和不同侧重点的评价指标体系，采用实证研究的方法，以游客满意度为切入点，通过研究首都博物馆的旅游产品，建立了评价模型，且具有推广作用。第六章结合前面的研究成果及博物馆文化旅游中服务的核心内容，专门对博物馆文化旅游服务质量提升做出对策研究。

责任编辑：蔡　虹

封面设计：邵建文　　　　**责任出版：**孙婷婷

首都文化旅游产品质量评价指标研究

——以北京博物馆文化旅游产品为例

王　静　王玉霞　等著

出版发行：知识产权出版社有限责任公司　　**网　　址：**http://www.ipph.cn

社　　址：北京市海淀区西外太平庄55号　　**邮　　编：**100081

责编电话：010-82000860转8324　　**责编邮箱：**caihong@cnipr.com

发行电话：010-82000860转8101/8102　　**发行传真：**010-82000893/82005070/82000270

印　　刷：北京中献拓方科技发展有限公司　　**经　　销：**各大网上书店、新华书店及相关专业书店

开　　本：787mm×1092mm　1/16　　**印　　张：**10.75

版　　次：2016年6月第1版　　**印　　次：**2016年6月第1次印刷

字　　数：150千字　　**定　　价：**32.00元

ISBN 978-7-5130-4240-6

序　言

旅游业是快速发展的新兴产业，对拉动经济增长、促进居民消费、增加社会就业、促进文化交流、扩大国际交往等具有重要意义。党中央、国务院高度重视发展旅游业，已将旅游业发展纳入国家战略体系，《国务院关于加快发展旅游业的意见》（国发［2009］41号）明确提出要把旅游业培育成国民经济的战略性支柱产业和人民群众更加满意的现代服务业。力争到2020年我国旅游产业规模、质量、效益基本达到世界旅游强国水平。目前，已有27个省（区、市）把旅游业作为支柱产业或第三产业的龙头加以发展，加快发展旅游业已成为我国转变增长方式、推动科学发展、构建和谐社会的战略性举措。旅游业的特点与政策机遇不仅为我国旅游资源开发带来机遇，同时也带来了挑战，如何对旅游资源进行科学的开发，如何深入地研究旅游资源保护，是促进旅游业可持续发展的基础。

北京有三千多年的历史，八百多年的建都史，积淀了五代王朝的历史文化，是世界上拥有文化遗产最多的城市，皇家文化历史悠久，建筑风格极具独特，民俗文化旅游形式多样，备受中外游客的青睐。北京作为中国的政治文化中心，不仅具有地域文化，还集锦了全国的优秀文化，同时作为国家的国际窗口，现代文明在这座古都中也充分体现。因此北京的文化旅游发展具有厚实的资源基础和丰富的客源。北京集中了96%的国家级博物馆，年均接待观众2923.7万人次，无论数量还是质量在同行业中都处于领先地位，因此北京发展博物馆文化旅游与华盛顿、伦敦、巴黎、斯特格尔摩等国外的首都城市一样，既有条件又符合城市定位。本研究以北京博物馆文化旅游产品为例，探讨文化旅游评价的核心要素，以希望对首都文化旅游发展起到促进作用。

本书主要分为六章，第一章是基本概念与理论基础。第二章从资源概况、客源结构等入手分析了北京博物馆文化旅游的现状。第三章与第四章属于综述性质，在已有研究的基础上，对文化旅游产品质量的影响因素和评价方法进行了总结，并运用因子分析法的流程对博物馆文化旅游产品的质量评价进行描述。第五章综合分析博物馆的多种属性和不同侧重点的评价指标体系，采用实证研究的方法，以游客满意度为切入点，通过研究首都博物馆的旅游产品，建立了评价模型，且具有推广作用。第六章结合前面的研究成果及博物馆文化旅游中服务的核心内容，专门对博物馆文化旅游服务质量提升做出对策研究。

本书第一、二、六章及统稿由王静完成，第三章由王玉霞完成，第四章由赵瑞克完成，第五章由昌慧敏完成，王玉霞完成第三、四、五章的校稿。

本书由北京市属高等学校高层次人才引进与培养计划项目（CIT&TCD201404079）和北京市教委项目（NO：12210991503105）支持完成。

目　录

第一章　相关概念与研究的理论基础

1.1　相关概念

1.1.1　文化旅游

文化与旅游是一种互利关系，文化为旅游吸收游客，提高吸引力，旅游为文化提供观众和传播渠道。文化旅游产品的质量离不开文化旅游和旅游产品的诠释。

国外最早关于文化旅游的定义来自罗伯特·麦金托什，他认为文化旅游囊括了旅游的各种行为活动，旅客可以利用这种活动了解对方的思想以及生活状态。1985 年世界旅游组织对文化旅游作出狭义和广义两种定义，广义定义指“为满足人们的各种需求，增加自身的文化修养，改进经历、知识和机遇的所有活动”；而狭义定义则是指“为满足人的基本文化需要而开展的活动，包括节庆旅游、风情民俗旅游、古迹旅游、演艺旅游、修学旅游及朝圣旅游等”。1991 年，欧洲旅游与休闲教育协会（ATLAS）制定了新的文化旅游产业定义，此定义分别从抽象的高度（称为概念性定义）和表象的描述（称为技术性定义）出发，分别进行定义：人们离开长期的居住地，为了满足内心文化需求而获取新的信息和体验的一种行为活动；人们为了满足多样化需求，增加一些经验型知识的活动。1994 年Reisinger从旅游的主体出发将文化旅游定义为对体验文化经历有特殊兴趣的游客发生的旅游行为。1996 年，世界旅游组织以及欧洲旅游与休闲教育协会 ATLAS 认为文化旅游是人们为了满足自身的文化需求而前往日常生活以外的文化景观所在地进行的非营利性活动。

文化旅游具有继承性、创造性、服务性和差异性的特点：

（1）继承性

文化旅游在原有的文化上提取有益于发展的部分，并应用到实践中。在发展过程中，人们把文化中能够与旅游活动相关的内容筛选出来，提炼加工，使之成为文化旅游的组成部分。

（2）创造性

文化旅游中的文化并不是各种文化的大杂烩，而是在传统文化和新兴文化结合上的一种创造。我国文化资源虽丰富，但随着时代的快速发展，新兴元素的出现，传统的文化并不能满足游客们的需求，我们需吸取传统文化的精华，在文化创新的基础上使文化旅游不断的创造和完善，跟进时代的步伐。

（3）服务性

旅游业的最大特点就是服务性。不管文化旅游如何的发展，都是要回归到“服务”，服务于游客，让游客在游玩的过程中获得文化的熏陶、精神上的享受。文化旅游的这一特点推动了旅游业的发展。

（4）差异性

我国幅员辽阔，民族众多，各地区、各民族的风俗习惯、生活方式都存在着差异，旅游文化受其影响而呈现出地域性、多样性的特征。旅游者外出旅游的目的，正是为了体验异域的文化。

1.1.2 旅游产品

目前国内外学术界对旅游产品的界定还没有形成统一看法，国家技术监督局颁布的中华人民共和国国家标准《旅游服务基础术语》中对旅游产品定义为：由实物和服务综合构成的，向旅游者销售的旅游项目。总的来说，是在经营过程中，向旅游者提供的一切旨在能够满足其旅游要求与实现其旅游目的的物质产品与服务的综合。目前旅游界达成的共识为：凡是能销售给旅游者供旅游者消费、享用的产品，都可称为旅游产品，包含 4As——旅游资源（Attraction）；交通运输设施和服务（Access）；住宿、餐饮、娱乐、零售等旅游生活设施和相应服务（Amenities）；辅助设施，如旅游问询中心等（Ancillary Service）。

旅游产品包括两类要素：第一类要素是产品自身的核心要素或核心吸引力，第二类要素是围绕核心要素的服务要素。服务要素是发挥核心要素最大吸引性和满足游客体验的重要内容。核心要素可以具有雷同性质，但旅游产品的多样化往往从服务要素体现出来。

旅游产品的类型。从目前来看，根据游客的旅游动机可以将旅游产品分为四大类：一是观光型旅游产品，这也是目前我国旅游的主体产品，而且观光型的旅游产品又以文化观光为主，这也是中国的优势所在，我们有五千年不曾中断的历史文化，所以走到各地，文化类的观光产品都是主打产品。二是商务型产品，商务型的旅游产品是发展型的产品，目前主要体现在各个大城市和特大型的城市。这种商务型的旅游产品越来越重要，主要包括商务散客产品、会议型旅游产品和展览型旅游产品。三是度假型产品，这种产品对时间的要求较高，游客通常是在节假日、寒暑假或个人休假时才会购买此类产品。四是特种旅游产品。特种旅游产品在全世界的市场面都不大，一般来说都非常高端，比如登山、狩猎等。这类产品就目前来看，还不成体系、不成规模，是一个在培育中的产品，但是这类产品对应市场未来的发展，应该说将来有相应的发展余地。

1.1.3 文化旅游产品质量

迄今为止，学术界对旅游产品质量的概念没有统一界定，这在某种程度上反映了衡量顾客满意度和确定服务质量标准方面面临的困难。文化旅游产品，从旅游业角度看，是凭借旅游吸引物、交通和旅游设施，向旅游者提供的能够满足食、住、行、游、购、娱等需要的全部服务的总称；从旅游者角度看，是在旅游经历中所形成的对所接触的全部实物和时间的综合性感受。文化旅游产品属于知识型产品，旅游者购买旅游产品的目的在于从旅游中得到最大的精神满足，这种满足是通过旅游者在旅游的过程中体验出来的，能够最大程度地满足游客的旅游体验，也就是说，旅游者对旅游产品的内含中所提供的有关旅游服务的满意程度，是衡量旅游产品质量的重要标准。

旅游产品一般都包括有形部分和无形部分（服务）。有形部分就是一般意义上的商品，这部分在质量的确定上并不困难。旅游产品的无形部分也就是旅游服务，主要包括旅游从业人员的表现、旅游服务设施的状况以及旅游管理水平等，这部分的质量很难直接确定，只能通过一些指标得以反映，如利用游客满意度等。

旅游服务质量作为文化旅游产品质量评价的重要组成部分，在20世纪90年代就已成为了国外众多学者的焦点，国内对其研究则稍晚一些。针对旅游服务质量的定义，国内外学者也是仁者见仁、智者见智，具有代表性的观点如表1－1和表1－2所示。

表1-1 国外对旅游服务质量的定义

作者（年代）	主要观点
Parasuraman，Zeithaml，Berry（1985年）	服务质量为顾客所感受到的服务期望与感知服务之间的差额
MacKay，Crompton（1988年）	服务质量可以定义为客户对各服务维度的期望与感知服务之间的差异
Mackay，Crompton（1990年）	服务质量是顾客需求与所获服务感知之间的关系
Ostrowski，O'Brien，Gordon（1993年）	服务质量是关于如何满足顾客以使顾客对服务持有积极态度的思维方式

表1-2 国内旅游服务质量的定义研究

作者（年代）	定义
邹益民（1983年）	认为旅游服务质量就是旅游服务这一商品能够满足人们对旅行游览需要而应具备的特性，表现为旅行生活是否丰富多彩，富有知识性，趣味性，旅行游览是否安全、方便、舒适、愉快等
王大悟（2000年）	认为国际质量管理界为了在服务业中也能够有效地推行质量管理，在理论上把服务归入产品系列，即服务属于产品的一种类别。这种理论划分和归类，是整个世界服务管理发展史上的一个里程碑
高伟洁（2010年）	从狭义与广义两方面对旅游服务质量进行了定义，狭义的旅游服务质量单纯指旅游从业人员提供的劳务服务质量；广义的旅游服务质量则包含旅游企业提供的有形设施设备、实物产品及无形劳务服务的质量
伍延基（2004年）	旅游服务质量是游客把本身的期望和现实的比较所获得的感知，质量成为企业的发展之本

从表1－1和表1－2可知，国外学者对于旅游服务质量的定义研究是针对景点为游客提供的服务，游客从而获得感知，显示游客对此服务的态度。而国内学者们对定义研究大多是从游客在游玩的过程当中，对旅游产品、景点所提供的服务及公共设施的感知。

综上所述，文化旅游质量是资源加上文化旅游服务构成的，游客在旅游过程中除了需要视觉冲击即观光以外还会重视服务是否到位，满意与否对旅游质量高低起着至关重要的作用。因此，文化旅游服务成为决定文化旅游质量的核心因素。

1.2 研究的理论基础

1.2.1 马斯洛需求层次理论

美国心理学家马斯洛（A. H. Maslow）1943年提出了关于人的需求层次理论。该理论基于两个基本假设：①人是某种欲望所驱使的需求动物。人类的需求是无止境的，当个人满足一种需求之后，就会产生另一种需求。②人类的需求具有普遍性，且有层次之分。

马斯洛需求层次理论把需求分成生理需求、安全需求、归属与爱的需求、尊重需求和自我实现需求五类，依次由较低层次到较高层次排列。

（1）五种需求像阶梯一样从低到高，按层次逐级递升，但这种次序不是完全固定的，可以变化，也有种种例外情况。

（2）一般来说，某一层次的需求相对满足了，就会向高一层次发展，追求更高一层次的需求就成为驱使行为的动力。相应地，获得基本满足的需求就不再是一股激励力量。

（3）五种需求可以分为两级，其中生理上的需求、安全上的需求和感情上的需求都属于低一级的需求，这些需求通过外部条件就可以满足；而尊重的需求和自我实现的需求是高级需求，他们是通过内部因素才能满足的，而且一个人对尊重和自我实现的需求是无止境的。同一时期，一个人可能有几种需求，但每一时期总有一种需求占支配地位，对行为起决定作用。任何一种需求都不会因为更高层次需求的发展而消失。各层次的需求相互依赖和重叠，高层次的需求发展后，低层次的需求仍然存在，只是对行为影响的程度大大减小。

马斯洛和其他的行为心理学家都认为，一个国家多数人的需求层次结构，是同这个国家的经济发展水平、科技发展水平、文化和人民受教育的程度直接相关的。在不发达国家，生理需求和安全需求占主导的人数比例较大，而高级需求占主导的人数比例较小。在发达国家，则刚好相反。

马斯洛需求层次理论在旅游业发展过程中对研究游客需求、设计合适的旅游项目、对旅游景区产品开发都具有非常重要的作用。游客需求从最早的观光需求到体验需求到特殊需求就引导着旅游景区开发与管理从粗放型向精细型发展。

1.2.2 旅游体验理论

旅游体验的概念自1964年由布斯汀（Boorstin）首次提出以来，学者们从各自研究角度进行界定。学者主要是从旅游体验的发生过程及结果、内容和构成、与日常生活的差异等角度来进行旅游体验概念阐释的。从发生过程和结果视角上看，旅游体验是体验主体（游客）与体验客体（旅游产品与环境）之间互动产生的心理反应，形成的愉悦感受及满足。从内容及构成视角上，不同学者有不同的分类标准，将旅游体验划分为娱乐和学习（Rayan，1997）、高峰旅游体验和辅助旅游体验（ShuaiQuan等，2004）、身体活动与心智活动（Milman，1998）等。如表1-3所示。

表1-3 旅游体验的代表性概念

视角	作者（年代）	主要观点（具体阐述）
互动过程及结果	Boorstin（1964年）	最早提出旅游体验（Tourism Experience）的概念，将旅游体验定义为一种流行的消费行为，是大众旅游非自发的预制的体验
	Ittelson（1978年）	认为游憩体验（Recreation Experience）的获得来自旅游企业所提供的旅游项目活动和环境，并在不同的活动与环境下产生的不同体验效果
	谢彦君（1999年）	认为旅游体验是旅游个体通过与外部世界取得暂时性的联系从而改变其心理水平并调整心理结构的过程
	周秀蓉（2008年）	将游憩活动中，从环境中获得的讯息，经过处理后，所得到之判断和所呈现之生理与心理的状况

续表

视角	作者（年代）	主要观点（具体阐述）
过程和影响因素	Wearing B，etal（1996 年）	旅游体验是个体与旅游空间的一种不断互动的过程，而此意义是来源于旅游个体的文化和社会背景及其旅游目的
体验内容及构成	Rayan（1997 年）	对个人而言，旅游体验是一种多功能的休闲活动，可能包括了娱乐成分或者学习成分，或两者兼而有之；并用旅游期望和满意度之间的关系来衡量旅游体验的质量
	ShaiQuanetal（2004 年）	认为旅游体验包括因目的地吸引要素而产生的体验高峰和基于消费者旅途中需要的辅助体验两个维度
体验构成和影响因素	Milma（1998 年）	认为旅游体验包括身体活动与心智活动，这些活动会在旅游者的知觉、意识、想象、推理、思考上产生印象，而影响旅游者产生愉悦体验的因素有心理因素、满意度和时间风险与日常生活的差异
	Mac Cannell（1973 年）	认为旅游体验是对现代生活烦恼的一种积极反应，是现代人为克服这些问题而追求的一种“真实性”经历，构建了一种所谓“本真性”的旅游研究范式

旅游体验动机是激发游客产生旅游体验行为的内在动力，会直接或间接地影响旅游体验质量和游客满意度。旅游动机不同、旅游情境和游客自身因素的差异，旅游体验的感受也会有差异。因此，对于旅游体验动机的研究有助于加深对旅游体验内涵的理解。谢彦君（2005）提出了旅游行为动力结构模型，对旅游体验行为内在驱动因素进行

了层级划分，提出旅游体验动机是旅游体验行为产生的重要决定因素，是旅游内在驱动力的具体表现。据此，将国内外学者对旅游行为内在驱动因素研究划分为两类，一类是从整体旅游愉悦需要的角度进行划分的，另一类是从具体化的内在驱动要素（旅游动机）上进行划分的。

从整体旅游愉悦需要角度进行旅游体验内在驱动因素的研究中，以菲利普·皮尔斯（1988）的模型影响力最大。他在马斯洛需求层次模型基础上加以改进，提出旅游行为的内驱力包含了放松、刺激、关系、自尊与发展和自我实现五个层次。冉恩（Rayan，1997）将旅游内在驱动因素划分为智力（学习、探险、发现、思想等）、能力（能够培养能力或技艺，能够获得成就、挑战以及竞争等）、社会（友谊和人际，自尊和他尊）和规避刺激（对惯常生活环境的逃逸）四个层次。

从具体化的内在驱动要素，即旅游动机上进行研究的有：麦金托什（1985）将旅游体验动机分为健康（与身体健康有关的）、文化（了解异域文化）、社会关系（交际交往）和地位声望（个人利益和前途）四类。此外，戴恩（Dann，1977）用推拉理论——内在推动因素和外在拉动因素来解释旅游体验动机，认为游客的旅游体验行为是来自游客自身内在“推力”和来自目的地吸引物外在“拉力”两大因素矛盾运动的结果。克罗姆顿（Crompton，1979）则进一步细化推拉要素，认为推动因素包括逃避世俗环境、寻找自我和评价自我、放松、声望、回归、增进亲友关系和加强社会交往 7 种，拉动因素包括新奇和教育 2 种。

旅游体验动机的研究有助于更加深入地理解旅游体验的内涵。然而，由于旅游体验动机研究涉及游客自身生理、心理因素和旅游目的地供给要素等诸多方面，增加了研究的难度和复杂性。

参考文献

[1] Thorburn A. Marketing Cultural Heritage：Does It Work Within Europe [J]. Travel and TourismAnalyst，1996（6）：39 -48.

[2] 罗越福. 文化旅游主题式开发研究——以广州为例 [D]. 南京：华南师范大学，2007：8.

[3] Reisinger Y. Tourist - Host contact As Part of Cultural Tourism [J]. World Leisure And Recreation. 1994，36（summer）：21 -28.

[4] 中华人民共和国国家质量监督检验检疫总局中国国家标准化管理委员会. 中华人民共和国国家标准：旅游业基础术语（GB/T 16766 -2010）[M]. 北京：中国标准出版社，2011.

[5] 王大悟，魏小安. 新编旅游经济学 [M]. 上海：上海人民出版社，2000.

[6] 高伟洁. 基于差距控制的旅游服务质量提升策略探析 [J]. 企业经济，2010（10）：145 -148.

[7] 伍延基，曾海洋. 旅游服务质量的现状特征及其主要制约因素 [J]. 温州大学学报，2005，1（4）：28 -32.

[8] 谢彦君. 基础旅游学 [M]. 北京：中国旅游出版社，1999.

[9] Boostin，D. J. The Image：A Guide to Pseudo - Event in America [M]. New York：Harper & Row，1964.

[10] MacCannell，Dean：Staged Authenticity：Arrangements of Social Space in Tourist Settings [J]. American Journal of Sociology，1973，79（3）：589 -603.

[11] 谢彦君，彭丹. 旅游、旅游体验和符号——对相关研究的一个评述［J］. 旅游科学，2005（4）.

[12] Dann，G. Anomie，Ego – Enhancement and Tourism［J］. Annals of Tourism Research，1977，4（4）：184 – 194.

[13] Crompton，J. L. Motivations for Pleasure Vocation［J］. Annals of Tourism Research，1979，6（4）.

第二章　北京博物馆文化旅游现状

在北京市旅游发展委员会公布的《北京市“十二五”时期旅游业发展规划》中明确了北京国际一流旅游城市的发展目标，制定了《关于贯彻落实国务院加快发展旅游产业文件的意见》（以下简称《意见》）。北京市旅游委根据此《意见》的精神，提出“整个北京就是一座底蕴深厚、古老与现代交相辉映的开放式旅游景区。各种设施既是城市功能的载体，也是发展首都旅游的资源。我们要确立大旅游的发展理念，以更宽的视野、更大的魄力，努力实现旅游资源多样化”。同时，北京市建立首都旅游产业引导资金，每年拿出10亿元专项资金支持旅游产业发展，鼓励相关企业按照市场规则对旅游资源进行有序、有度、有整合、有效益开发。首都文化旅游产品是建立在首都资源的基础上，“文化之都”是北京的定位之一，不仅包括传统文化，也包括现代文化，因此文化旅游产品是建立在首都资源旅游化的基础上，类型多样。

2.1　北京文化资源的类型

文化资源也称为人文历史资源，主要包括古都遗址遗迹类资源、民俗文化资源、名人故居、宗教寺观、老字号商铺、会馆遗迹、历史胡同与街巷遗迹、近代革命遗迹、古代军事旧址等。随着旅游业的发展和人们旅游需求的变化，城市中与人们生活活动相关的社会因素也逐渐进入了旅游开发的视野。北京作为一座越来越国际化的大都市，为满足市民的生活和休闲已经积淀了丰富的休闲设施和休闲项目，同时作为国家的政治、文化、科技中心，还积累了大量面向生产服务的商业设施和服务项目，无论是国际旅游市场、国内旅游市场，还是本市居民的休闲市场，消费主体趋于年轻化、知识化和个性化。他们希望通过对居民生活常态的介入，获得对都市生活更深、更广的体验。因此北京旅游业的发展应该有新的理念，开拓新的市场，挖掘新的资源，建立新的旅游资源观。

社会资源进入首都旅游开发的范畴是新的旅游资源观的实践。北京的定位是“全国的政治中心、文化中心和对外交往的中心”。在我国的政治体制下，政治集聚表现为资源集聚，从而又形成了经济聚集中心，形成国内经济发展先进地位。因此首都社会资源还要进行细分，即国家代表性资源和城市特色性资源。国家代表性资源主要包括体现国家政治中心的资源、体现国家文化中心与对外交往中心的资源和体现经济先进地位的资源。城市特色性社会资源主要包括城市休闲资源、城市建筑与设施和民间艺术、习俗与节庆等。如表 2 –1 所示。

表 2－1　首都文化资源分类

<table>
<tr><td rowspan="7">首都文化资源类型</td><td>人文历史资源</td><td colspan="3">古都遗址遗迹类资源、民俗文化、名人故居、宗教寺观、老字号商铺、会馆遗迹、历史胡同与街巷遗迹、园林、近代革命遗迹、古代军事旧址等</td></tr>
<tr><td rowspan="6">社会资源</td><td rowspan="3">国家代表性资源</td><td>国家政治中心体现</td><td>国家政治机构、军队驻地、政治团体的办公地点、各省驻京机构等</td></tr>
<tr><td>国家文化中心与对外交往中心体现</td><td>世界遗产资源、奥运遗产、院校教育资源、博物馆、信息资源、赛事与演艺资源、国际组织驻地、外国使馆聚集区、知名非政府性全国社会团体办公地点、国家交通枢纽、大型会展会议中心等</td></tr>
<tr><td>经济先进地位体现</td><td>金融资源、总部基地、科技工业园区等</td></tr>
<tr><td rowspan="3">城市特色资源</td><td>城市休闲资源</td><td>餐饮资源、医学保健资源、购物资源、主题公园等</td></tr>
<tr><td colspan="2">城市建筑与设施</td></tr>
<tr><td colspan="2">民间艺术、习俗与节庆</td></tr>
</table>

2.2　博物馆文化旅游发展现状

文化休闲产业一般被认为是直接提供休闲环境和娱乐、健身、文化交流等场所的企业群体，如度假区、野营地、主题公园、体育健身中心、购物中心、博物馆等。其中，博物馆的规模和质量是衡量一个国家、一个地区现代文明发展的主要标志。近年来，博物馆的旅游功能越来越引起人们的注意，成为人们重要的文化休闲之地。

2.2.1 北京博物馆业现状

北京是一个拥有三千年建城史、八百年建都史的历史文化名城，它的文化吸引远远超过自然景致，体现了中华民族文化的精髓。同时北京作为政治中心和经济发达城市，是各行业开展各种交流活动、举办大型会议的首选之地，因此它是建立博物馆——立体的“百科全书”的首选城市。1912 年在北京国子监筹建的历史博物馆，是中国第一座公立博物馆。2005 年北京的博物馆达到 134 座，接待观众 2923.7 万人次。北京的博物馆在全国的同行业发展中，无论在数量上，还是在质量上都处于领先地位。如图 2－1 和图 2－2 所示。

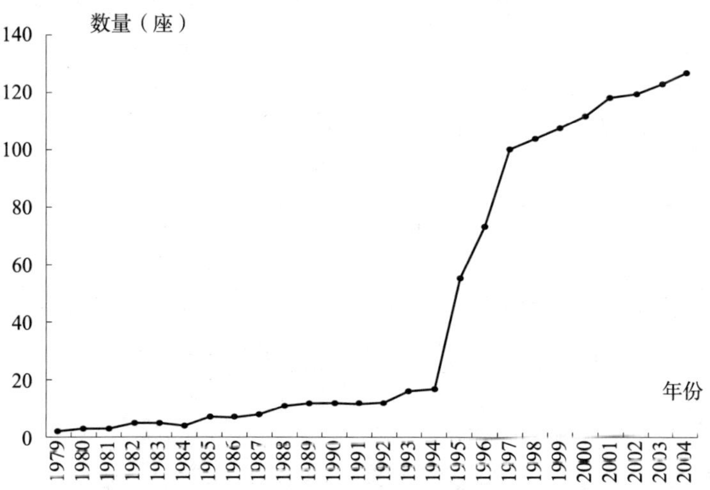

图 2－1　北京博物馆的数量发展

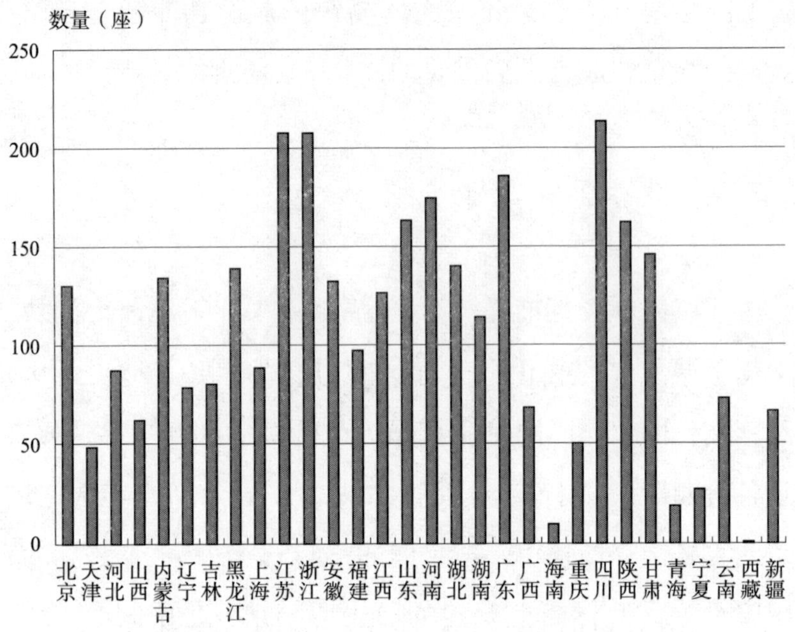

图 2-2　2012 年各地博物馆数量

由图 2-1 和图 2-2 可以看出北京市博物馆的数量从 1995—1997 年进入了一个高速发展阶段，增长率最高，可达 224%。从全国博物馆总体分布上看，北京市博物馆数量较多。

2.2.2　北京博物馆文化旅游优势

1992 年国务院在北京城市总体规划的批复中指出，“北京是社会主义中国的首都，是全国的政治中心和文化中心”，北京的发展方向是“现代化国际大都市”。北京城市的性质要求它具有众多的文化场所，这对北京快速发展博物馆事业极为有利，也为北京博物馆休闲业的发展打下了基础。通过对北京故宫博物院、国家博物馆、首都博物馆、自然博物馆、中国美术馆、雍和宫、抗日战争纪念馆等博物馆的实地调研和查阅相关资料，北京博物馆旅游业发展的优势可以从博物馆质量、分布范围和种类、技术手段三个方面体现。

(1) 资源质量高，有利于吸引客源

博物馆的质量主要由馆内展品的质量决定。北京的博物馆虽然在全国的数量上不是最多的，但是质量却是第一位的，如图 2－3 和图 2－4 所示，一级博物馆 11 个居全国首位。

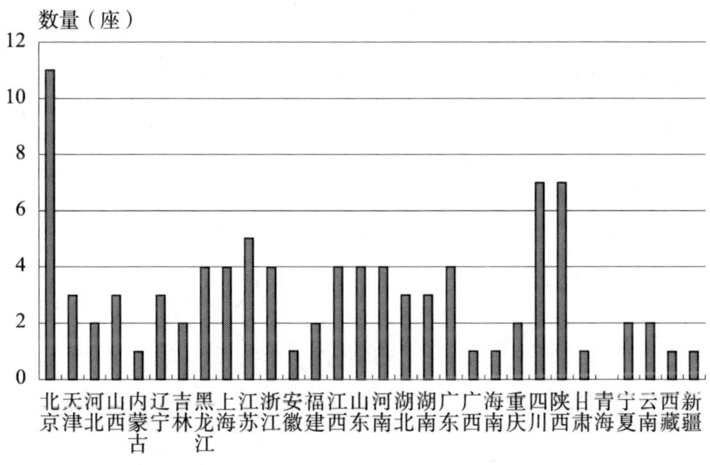

图 2－3 一级博物馆在全国分布状况

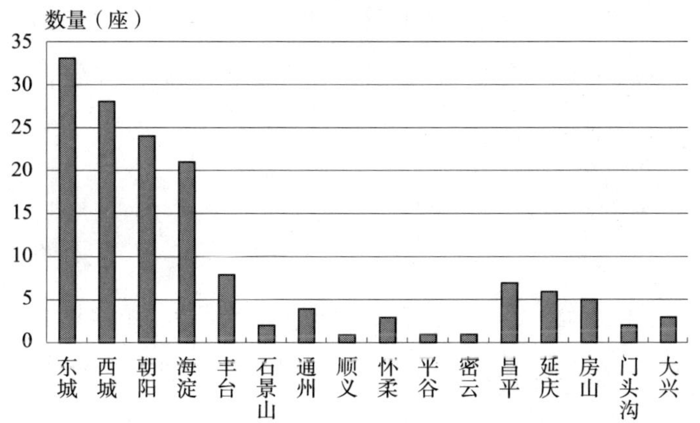

图 2－4 北京博物馆在各区县的数量分布

城市休闲产业市场的客源以工薪阶层和在校大、中学生为主，北京除了拥有1300多万文化层次较高的常住人口外，还有大量的国内外游客，因此客源市场覆盖面更广，为博物馆休闲业的发展提供了有利的客源条件。如2005年首都博物馆购票参观的人数为78459人次，其中49.9%为境外游客。

知名度最高的位于北京的博物馆——故宫博物院2005年和2006年五一黄金周期间，最多的客流为每天10万多人。2006年第一季度，首都博物馆、国家博物馆、故宫、抗日战争纪念馆、雍和宫的客流总量分别为20万人、40万人、137万人、2万人、42万人。从总体趋势上看，客流量与博物馆的知名度、观众喜好关系极为密切。由于北京的博物馆在本领域都是优秀资源的集合体，因此有利于吸引客源。

（2）分布相对集中，种类齐全

北京市博物馆分布较为集中，超过70%的博物馆分布在人口稠密的城八区（现为城六区）。北京有全国最多的高等学校和研究院所，城市居民的文化素质国内名列前茅，知识内需较高，因此博物馆的分布特点为城市居民提供了良好的休闲场所。

由于政治、经济、文化地位突出，北京博物馆不仅质量居首位，种类也十分齐全。历史、人物类的博物馆共有27座，如法源寺、国子监、上宅文化陈列馆、北京新文化运动纪念馆、老舍故居等涉及宗教、建筑、民居等历史文化。艺术类的博物馆31座，如北京红楼文化艺术博物馆、北京工艺美术馆、炎黄艺术馆、中国紫檀博物馆等。科技与科学类的博物馆 27 座，如中国科学技术馆、北京自然博物馆、北京天文馆等。遗址类有 28 座，如周口店北京人遗址博物馆、北京焦庄户地道战遗址纪念馆等。其他类型博物馆 21 座，如中国铁道博物馆、中国电信博物馆、中国印刷博物馆、北京自来水博物馆等涉及各行业性博物馆和北京动物园、太平洋海底世界等开放型场馆。

种类齐全的北京博物馆为人们的文化休闲活动提供了广阔的选择空间，有利于北京博物馆休闲业的发展。

（3）演示形式多样、技术手段先进

国外许多博物馆近年来都程度不同地改进馆内展示技术，提供学习性、娱乐性的互动体验项目来增强吸引力，使游客在休闲化的气氛中得到社交性、娱乐性的体验。

北京博物馆业的经营理念已经开始和世界博物馆业接轨，注意参与性与娱乐性内容的涉及，例如：在北京自然博物馆，古爬行动物展厅内由于开展了参与性趣味项目“恐龙拼接”“与恐龙赛跑”“化石搜寻”等，游客总游览时间的 20% 在这些项目中度过。在中国地质博物馆地质馆，观众在欣赏各种精美奇特的矿物岩石展品时，可参与探索性操作，获得相关知识，如通过观众的实际操作了解矿物的发光性、导电性、压电性和热电性、磁性以及矿物的相对密度等。

在展览的技术手段上，北京博物馆正在加强多媒体技术综合运用和数字化管理。北京大部分的博物馆设置了多媒体演示厅，如北京自然博物馆把动物标本放在逼真的极地、荒漠等景观中，再现了动物的各种生存环境。北京科技馆采用光、电等效应与高科技手段融为一体为使参观者达到身临其境的效果。首都博物馆采用语音讲解突破了参观者必须跟随导游的束缚，可以自由安排自己的时间。

2.2.3 北京博物馆旅游客源现状

2005 年北京的博物馆达到 124 座，总接待观众 2923.7 万人次，以工薪阶层和在校大、中学生为主。北京除了拥有 1300 多万文化层次较高的常住人口外，还有大量的国内外游客，为博物馆旅游的发展提供了有利的客源条件。

总体来讲，北京博物馆旅游的客源特征如下：

第一，发展不平衡，淡旺季明显。博物馆由于规模、主题、区位、知名度等方面的不同，对游客的吸引力不同。北京博物馆中知名度最高的博物馆——故宫博物院 2005 年和 2006 年五一黄金周期间，最多的客流为每天 10 万多人。2006 年第一季度，首都博物馆、国家博物馆、故宫、抗日战争纪念馆、雍和宫的客流总量分别为 20 万人、40 万人、137 万人、2 万人、42 万人，从总体趋势上看，京外游客量与博物馆知名度有密切的关系。故宫每年参观人数可达 700 万人次，2006 年黄金周日接待人数最高达到 10.34 万人。恭王府平均每天 1 万人，黄金周每天 2 万人。中国地质博物馆每年接待观众 10 万余人，每天有 700 ~ 800 人，旺季游客量最多可达每天 2000 人，淡季游客量非常少。北京自然博物馆黄金周每天 2000 ~ 3000 人，平时每天 500 ~ 800 人。中国美术馆的客流量平时约 500 人/天，黄金周最高客流达到平均 5000 人/天。自来水博物馆，5000 人/年，黄金 7 天假日总量可达 137 人，万寿寺在平日每天大概为 1000 人，黄金周等节假日可达到 2000～3000 人的日游客量。鲁迅博物馆与大部分的名人故居一样，游客量常年保持低水平，从访谈中得知，地理位置偏僻，知名度不高是主要原因。

第二，外地游客以团体形式出现，本地游客以散客出现，客源特点与博物馆类型有关。国际游客主要集中在故宫、长城、十三陵等国际知名的博物馆，如故宫每年约有 160 多万国际游客。恭王府的游客中 85% 为外省市游客，以团队为主，外国游客较少，本市游客极少。中国地质博物馆旺季主要集中在黄金假日、寒暑假以及平时的周末，很大一部分游客来自中小学校统一组织参观的学生。中国美术馆游客基本来自北京当地。天文馆 73% 的游客是为了教育子女，陪同孩子来天文馆的，18% 的人是天文爱好者。徐悲鸿纪念馆的旅游团队参观较少，一般都是散客，且主要以学生和老年人为主。学生之中以艺术专业大学生尤为居多，主要为了观摩学习，偶尔有外宾来访，皆为绘画艺术爱好者。中国科技馆的主要客源以国内的中小学生为主，其中小学生占到参观游览人数的 80% 左右，多为所在学校组织参观，国外游客很少。麋鹿苑博物馆、历代帝王庙等知名度较小的客源主要是由学校组织参观的中小学生，或通票持有者，很少有旅游团，附近居民在人数上占优势，但是目的并非参观而是健身。民俗博物馆知名度不高，少有游客参观。在北京目前免费开放的 33 个博物馆都是以国内游客和学生群体为主体的博物馆，体现了博物馆主要提高本国国民文化素质和增加旅游资源利用率的目的。文学馆和其他以学生为主要参观游览群体的博物馆一样，游客量高峰期一般出现在周末、双休日和黄金假期，平时每天入馆参观人数很少，有时一日竟不足10人。

2.3 北京博物馆产业存在的问题及对策

北京博物馆的资源丰富，客源充足，但是近几年大多数京城博物馆却出现了“门前冷落车马稀”的现象，除了故宫等少数几家博物馆外，大多数北京博物馆平均每日的客流量只有几百人。

第一，营销手段落后，宣传力度不够。

博物馆营销是指博物馆经营者从满足消费者的需求出发通过分析其自身资源确定目标市场，采用适当的营销组合，满足消费者需求和社会要求。虽然目前博物馆在门票的销售上实行了通票制度，在特殊的节假日、对特殊人群都分别实行了优惠的售票制度，但是，网络、电视、电台、报纸等与人们日常生活紧密联系的移动和固定媒体上有关博物馆活动的广告宣传少之又少，曝光率比较低。

要加大博物馆的宣传促销力度，首先要改变以往对国家资金的依赖思想，做好公关工作，与媒体各界和旅行社建立良好的关系，积极参加旅游界举办的各项活动来提高知名度。如北京科技馆就与多家旅行社签订合同，成为旅行社组织游客的必到场馆。其次要借助举办各种节庆活动扩大博物馆的知名度，如首都博物馆在举办大英博物馆巡展期间，参观人数由原来的2000 人/天增长到4000 人/天，参观者在大英展览区平均停留 1.6 小时，是其他展区（如北京历史文化展区）的 1.6 倍。此外，博物馆应充分发挥自身特有的社会教育功能，密切与学校、社区等团体联系，为开展社会教育活动创造条件。不仅能够“引进来”还要“走出去”，进入学校、社区进行巡回展览和讲座，开展丰富的活动，扩大社会影响。

第二，内容更新较慢。

人们一直是以“不追求赢利的文化机构”来看待博物馆，[12]在我国，博物馆的资金主要来源于国家财政，这也造就了其传统的管理方式和手段，不及时更新、淘汰日渐被冷落的展品。有的博物馆以自身拥有的垄断性资源为荣，在设计陈列和展览主题时较少考虑观众的需求，往往根据自己的想法和藏品为中心确定主题，很少考虑产品内容老化对老顾客重游率和新顾客的阻碍作用。

博物馆休闲业除了让人们增长知识外，还要不断地根据顾客的需求更新展览内容。首先，要细分客源市场，通过咨询或问卷调查的形式了解顾客对参展内容的意见，以便为内容的发展提供依据。其次，要与国外同类型博物馆建立密切的联系，形成固定频次的巡展活动，尤其是一些行业博物馆应该把国外先进的理念、技术、成果加以介绍，这样才能使馆内内容有生命力，呈动态发展。

第三，服务有待完善。

对北京博物馆旅游服务本研究将在第六章详述，本节只就服务设施进行论述。

博物馆的服务设施包括参观服务设施和休息服务设施两方面。参观服务设施包括问询处、存衣（包）处、讲解服务、导览手册、图形标识等。目前北京的博物馆中普遍都设有问询处和存包处，但是存衣处比较少。讲解服务时不能根据不同观众的需求提供不同程度的讲解，讲解稿千篇一律。语音导览这一个性化服务的设施并没有普及，大部分博物馆没有给观众免费提供标有问讯处、存衣间、卫生间、公用电话、电梯、楼梯、商店、咖啡厅、餐厅等的具体位置的导览图。博物馆商店中的商品质量有待提高，例如广化寺中，不仅购物环境狭窄，商店售卖的纪念商品质量也比较粗糙。

许多博物馆由于在场馆的布置上忽视顾客需要，没有提供足够的休息服务设施。此外，大部分博物馆内没有为老人和儿童配置游览轮椅和参观童车，这都不利于参观者在馆内的滞留，影响参观效果和购买需求。

有的博物馆内可以增加固定的休息场所，但有的博物馆却不可以，如在故宫，建立任何一个固定的休息场所都会影响这座千年皇宫的威仪，可以尝试将参观人群细分，对年老体衰者提供免费可移动的参观设备，如轮椅等。这样就可以把庄严的历史文化建筑与人们休息的场所融为一体。

在博物馆尤其是开放性的博物馆中，没有可供参考时间耗费的旅游路线图是一个欠缺。参观者在进入博物馆后就成了自己活动的规划者，如何参观，参观路线如何选择，时间如何安排是他们进行自主活动的基础，因此博物馆应该免费提供展品分布图、路线图、时间消耗数据等信息。

北京博物馆因资源丰富，种类多样，消费人群结构复杂，随着北京国际化城市的功能逐渐加强发展潜力一定会得到加强。

参考文献

[1] Geoffrey Godbey. Leisure in your life：An Exploration [M]. State College，PA：Venture Publishing，1999.

[2] 周常春，董武亮. 近十年国内休闲与游憩研究综述 [J]. 桂林旅游高等专科学校学报，2004，15 (5)：5－10.

[3] 郑胜华. 我国发展休闲产业的可行性研究 [J]. 桂林旅游高等专科学校学报，2001，12 (2)：44－47.

[4] 辛儒. 休闲经济背景下博物馆的经营与管理 [J]. 河北大学学报（哲学社会科学版），2006，31 (1)：139－142.

[5] 国家统计局国民经济综合统计司. 新中国五十五年统计资料汇编 [M]. 北京：中国统计出版社，2006.

[6] 刘丽丽，李宏. 北京郊区休闲旅游产业发展问题研究 [J]. 首都师范大学学报（自然科学版），2004，25 (2)：75－79.

[7] 李瑛. 我国博物馆旅游产品的开发现状及发展对策分析 [J]. 人文地理，2004，19 (4)：30－32.

[8] 梅宁华. 北京地区博物馆发展的优势与问题 [J]. 北京社会科学，2001 (3)：4－7.

[9] 王建涛. 北京博物馆的布局分析 [J]. 文博资讯，2002 (3)：64 -66.

[10] 陈朝隆，陈烈，徐晓红，等. 城市博物馆旅游浅议 [J]. 桂林旅游高等专科学校学报，2006，17 (3)：361 -365.

[11] 杨丽. 我国博物馆特色旅游开发刍议 [J]. 经济地理，2003，23 (1)：121 -134.

[12] 徐荣珍. 浅论我国博物馆旅游存在的问题与对策 [J]. 咸宁学院学报，2006，26 (1)：141 -144.

第三章　文化旅游产品质量影响因素研究

目前我国文化旅游已经成为一种潮流，它反映出人们追求精神文化的诉求。中国旅游业持续、快速的发展，也培育出了一批批旅游经验丰富、对旅游产品质量要求不断提高的游客，高质量的文化旅游产品将被游客所青睐。文化旅游产品是由文化旅游资源本身和旅游服务构成，本研究在探讨文化旅游产品质量的影响因素时主要从这两方面入手。本部分内容主要是从宏观层面，论述经济因素、社会因素和环境因素对文化旅游产品质量的影响。

3.1　经济因素

发展旅游会对旅游目的地的经济产生一定的影响，如增加目的地收入、扩大就业、平衡地区经济发展等，反之，目的地经济的发达程度同样会影响到旅游业的发展。旅游业是一个资金密集型行业，景区开发建设、营销旅游产品及品牌打造都需要大量资金投入。若当地经济发达程度低，没有强有力的经济后盾，文化旅游产品就很难被开发，基础设施和旅游设施的建设也会受到影响。设施、设备的不完善和服务的不到位都会直接影响到文化旅游产品的质量。

3.1.1 目的地经济水平对文化旅游资源开发的影响

文化旅游产品中核心吸引物的形成主要有两个途径，一种是对文化旅游资源进行的开发，如长城、故宫的产品开发就是以已有的建筑和文化为基础的；另一种是仅仅凭借人力、物力和财力的整合而创造出来的新产品，如各种主题公园、影视基地等。但是两种开发类型都会面临开发程度的问题，就像是对一种原料材料的加工有粗有细，而细加工出来的产品往往比粗加工出来的产品质量要高，所以文化旅游资源开发程度的高低决定着文化旅游核心吸引物质量的高低进而影响旅游产品质量。

开发程度越高的文化旅游资源也就意味着越高的投入，如西安的大雁塔，如果只是简单地挖掘出大雁塔的旅游功能，建立起一个小的旅游景点，其成本并不是很高。但是，低程度开发的文化旅游资源往往质量不高，游客量较少，回头客更少。因此为了提高该吸引物的质量，进一步扩大旅游市场，该景点又新建一些仿古建筑、佛教造像、壁画以及浮雕等，相当于围绕着佛教文化这一主题对原本的小景点进行了细加工。当然，在旅游核心吸引物的质量得到了很大提升的同时，也消耗了大量的资本。而诸如“锦绣中华”“世界之窗”等的主题公园建立的好坏直接与投资量有关，投入量越大，创造的可观赏点就越多，将公园的主题表现得就越细致，那么旅游核心吸引物的质量就越高。

旅游目的地经济的发展程度直接影响到对文化旅游资源开发、建设的投入量，进而影响文化旅游核心吸引物的开发程度，决定着最终旅游核心吸引物质量的高低。文化旅游资源的开发就是以旅游发展为目的，以市场需求为导向，结合资源自身的特点及优势，将文化旅游资源转化为具有旅游吸引力的文化旅游产品的技术经济过程。文化旅游资源的开发由于会受到人力、财力、物力或者是相关政策的影响，所以开发的程度会有所不同。文化旅游资源的开发包括两个方面，一个是对从未被开发过的文化旅游资源进行开发；另一个是对现有旅游文化产品的改进，根据新的市场需求，挖掘出现有文化旅游产品的潜力，着力发展旅游消费者所追求的旅游功能，搁置或摒弃不必要的功能，高效地实现产品价值。

文化旅游资源开发的目的就是为旅游业所用，从而使潜在的资源优势转化为现实的经济优势。文化旅游资源的开发也并不仅限于对资源本身的开发，为了更好地实现资源的利用，也要对与之相关的接待条件进行开发建设。因此旅游资源开发的内容包括了对文化旅游资源的开发利用及旅游辅助设施的建设等。而文化旅游资源的开发必须坚持保护性开发原则、市场导向原则和综合效益原则。

一是保护性开发原则。旅游目的地与客源地之间的文化差异性是形成目的地旅游吸引力的一个重要方面，寻求异文化、满足好奇心成了游客出游的主要动机。因此文化旅游资源的保护性开发要从文化传承性的高度，对每一个开发项目的旅游效应进行评价，以避免项目运行带来的文化失真与社会文化负面的影响。

二是市场导向原则。文化旅游资源开发设计必须以市场为导向，以市场需求为出发点。具体包含两层含义：其一是旅游市场定位，其二是目标市场需求状况分析。任何文化旅游产品的开发不可能迎合所有旅游者的需求，因此对文化旅游资源开发设计者而言，结合当地的社会经济发展状况和旅游业的发展趋势，确定产品的主要客源市场是十分必要的，这样可以使文化旅游产品的开发设计具有较强的针对性；其次，在目标市场被确定的基础上，产品开发者还需进一步掌握目标市场的需求内容、规模档次、水平及发展趋势，从而形成适销对路的文化旅游产品，取得预期的经济效益。

三是综合效益原则。文化旅游开发虽然是为了获得一定的经济收益，但这并不能作为开发的唯一目的。文化旅游资源被开发成产品后，必须将文化属性发挥出来，在实现旅游的同时还要进行文化的传播，能够使旅游者受益，进而实现文化旅游资源的社会效益。不仅如此，文化旅游资源能够被开发，还有一个重要的目的，就是对文化旅游资源和周围的环境进行保护，即对文化环境和生态环境进行保护。文化旅游开发要综合实现经济、社会和环境效益，才是有益的开发。

3.1.2 目的地经济水平对硬性配套设施建设的影响

基础设施虽然不是面向旅游者而修建的，但对于旅游者来说是不可或缺的。旅游是一种异地行为，要想顺利抵达旅游目的必须依靠交通设施。而处于信息时代的今天，无论是在生活上还是在生产方面都需要不断应用网络技术。不断扩大的信息趋势，也使人们对于网络提出了更高的要求。“智慧城市”“智慧旅游”等理念的提出，就可以看出网络对于城市建设和旅游发展的重要性。所以旅游目的地这些基础设施的建设虽然不是针对旅游者，但其完善程度却会影响到文化旅游产品的质量。

文化旅游产品的质量的高低并不仅仅是体现在旅游吸引物上，完善的设施是文化旅游产品质量的保证。旅游产品配套设施主要包括满足旅游者吃、住、行、游、购、娱等需求的各种设施。按照服务对象不同，可以将文化旅游产品配套设施分为基础设施和旅游设施。基础设施主要指交通系统、供电系统、通信系统等以及像医院、公园等，主要服务于当地居民，游客同时也可以使用；而像酒店、宾馆、旅游购物商店、部分娱乐场等设施则主要是为旅游者提供的，都属于旅游设施。

文化旅游产品配套设施的完善程度，从客观上制约着高质量、多功能服务的实现。而文化旅游产品配套设施建设投资大，周期长，若是地区经济无力支持整个配套设施的建设和完善，那么将会影响到整个地区文化旅游产品的质量。

3.1.3 目的地经济水平对软性旅游服务水平的影响

旅游业本身就属于服务业，而旅游服务也是文化旅游产品的一部分，所以旅游服务水平的高低会影响到文化旅游产品质量的高低。

旅游服务的内涵对国内一直没有形成一个统一的说法。较早的定义是世界旅游组织对旅游服务的界定：一切由旅游企业提供的满足旅游者需要的服务内容，包括旅游及旅行相关服务、娱乐、文化和体育服务、金融服务、运输服务等12个类别。这一界定将具体的一些旅游服务项目列举了出来，而且也比较全面。国内一些学者在阐述旅游服务的内涵时往往是概括性的，黄福才等认为旅游服务是指旅游经营者凭借一定的设施及使用一定的手段，向旅游者提供各种劳务的总和；李冠瑶、刘海鸿等提出旅游服务就是用提供活劳动的形式，保证旅游者在整个旅游活动期间的各种旅游环境、设施、设备及活动项目获得充分的利用和享受权益的综合性经营活动。代媛媛等从供求两个角度对旅游服务进行了界定，“从旅游者角度看：旅游服务是旅游者在旅游准备阶段，旅游过程中，旅游结束后延伸过程中与旅游企业所发生的互动关系，这种互动关系使旅游者获得了经历与感受，但没有得到实体结果。从旅游企业的角度看：旅游服务是旅游企业向旅游者提供的一种无形的互动活动，它不会导致实体要素所有权的转移，其目的是为获得价值的转换”。

这些概念在一定程度上概括了旅游服务的内涵，但认为旅游服务是发生在旅游活动期间的，即游中过程。其实出游前在旅游集散中心或旅行社或是通过旅游网站进行的咨询活动，以及在游后的投诉或意见反馈活动，都是为旅游者提供的旅游服务。本研究认为，根据旅游服务的主要性质，以及旅游服务所涉及的内容，旅游服务的概念可以界定如下：旅游服务就是旅游经营者以及相关的公共机构以相应的物质基础设施和信息为载体，为满足旅游者在旅游活动前、中、后整个活动期间的消费和享受等要求而提供的服务，包括旅游市场服务与旅游公共服务两大部分。

人们在出行前需要对旅游目的地进行信息的收集，目前人们最常用的方式就是网络。不管是交通条件、路线设计还是目的地景区或景点的介绍、门票及住宿等的预订都可以通过网络进行查询和办理。为了满足人们对旅游信息的需求，旅游目的地必须做好信息的推介活动，尽可能地将相关信息有效地传递给人们。目前，旅游目的地的旅游推广方式已经不仅仅局限于电脑终端，在智能手机普及的今天，移动终端，如手机 App 的应用越来越广泛。手机旅游 App 就是一个集信息和服务平台为一体的综合性应用软件，它可以通过对旅游城市（景区）的各种旅游资讯进行收集和分类，为旅游者提供一站式、智能化旅游综合服务，实现城市介绍、景区游玩路线推荐、地图导航、真人语音景区讲解、旅游行程制定、旅游体验分享、周边商家（酒店、餐饮、特产、娱乐）智能化搜索、旅游咨询投诉等功能，方便旅游者在旅游过程中快速地获取自己想要的旅游信息。这种更加人性化的服务能够最大限度地满足旅游者出游对于信息的需求，是旅游目的地完善旅游服务和提高旅游服务质量的途径之一。

虽然利用手机旅游 App 可以使旅游者方便、快捷地获得旅游信息，但它的应用在全国范围内并不广泛，原因有多种，其中一个便与资金有关。终端旅游服务的软件开发、维护和更新需要大量投入且与投资回报率相关，这些都受当地经济发展水平的制约。

旅游服务不只是体现在信息的获取上，还表现在整个游览过程中。旅游目的地咨询中心或旅游集散中心的设置是为已到达目的地的旅游者提供咨询服务。被开发出来的文化旅游产品其本身的文化价值会通过一定的载体，比如通过建筑、书籍、绘画、服饰等体现出来，有些文化内涵我们能直接领会，有些需要借助讲解服务。讲解人员的选拔和培训与相关设备的购置能够保证旅游服务质量。软性旅游服务体现在游前信息输送、游中体验设计、游后反馈跟踪，完善这些旅游服务需要政府和企业的共同的投入和建设，所以目的地经济发展水平对保证旅游产品质量具有重要作用。

3.2 社会因素

非商业性的社会因素对文化旅游产品的质量也具有非常重要的影响，其中能够对文化旅游产品具有显著性影响的社会因素包括旅游目的地地域文化、目的地居民的好客程度、科学技术的发展等因素。

3.2.1 地域文化对旅游产品质量的影响

由于文化旅游产品是处在一定的地域文化中的，所以在不同的旅游目的地旅游者所感知到的绝不仅是文化旅游产品，旅游目的地的一切都有可能成为旅游者感知的对象，旅游者感知到的往往是旅游目的地地域文化的综合状况。旅游文化产品的发展要依托一定的文化背景，文化印象的产生是建立在一定的载体之上的，这一类的载体之所以能在第一时间成为人们对某地感知的对象，根本原因在于它聚集了地域文化最富内涵的精华，是在特殊文化下产生的真正地域性的东西，也成为该地区最具吸引力的地方。因此，在旅游文化产品质量影响因素的研究中，旅游目的地的地域文化的研究不可忽视。

我国地域辽阔，在不同的人文习俗、地理环境和社会环境等因素的影响下，产生了丰富多彩的地域文化。地域文化的产生源自本地，以本地为源地向地域外扩展和传播，并以自身的基本特征为基础而变迁。地域文化的独特性并不意味着不同地域文化之间无法交流。地域文化本身也有着兼容性，基于本土文化随时代不断积累，随着地域间交流的加深也会吸收、借鉴其他地域文化的精华，使得地域文化的形式与构成也在不断变化，地域文化不仅有独特性还有丰富性。地域文化对文化旅游产品质量的影响可以从两个方面起作用。

第一，地域文化从根本上决定着旅游目的地文化旅游产品的文化内涵。文化旅游资源是地域文化的重要组成部分，是旅游者最先且比较容易感知的对象。以北京为例，作为一个拥有八百年建都史的历史文化名城，其文化产品中必然有体现中国几千年帝王文化理念和建筑的成果，如故宫、长城、颐和园、天坛、明十三陵等；而作为新中国的首都，六十多年的发展使北京成为充满生机和活力的现代大都市，其文化中也散发出现代化的气息，如世界上最大的、最先进的海洋生物科普馆——北京海洋馆、鸟巢、水立方等。所以在对文化旅游资源进行开发的时候，必须注重对文化资源背后的地域文化资源的挖掘和开发，增加文化旅游产品的文化沉淀，提高文化旅游产品的质量。

第二，地域文化能使旅游者形成一种关于旅游目的地的文化意象，增强文化旅游产品的吸引力。旅游者能形成旅游动机的基本前提是在脑海中有一个清晰的文化意象，文化意象的形成是通过对旅游目的地地域文化的了解而形成的，并且这种意象一旦形成很难改变。文化意象形成后会引起旅游者的向往，再加上充满地方文化魅力的社会生活环境，具有地方文化内涵的、方便、舒适的旅游接待服务，就会使当地文化旅游产品的吸引力大大增强。

3.2.2 旅游目的地居民的好客程度对旅游产品质量的影响

从目的地文化旅游产品的构成来看，当地社会的好客精神是其中的一项客观要素。文化旅游产品既包括了有形的因素，也包括了无形的因素，其构成中的无形因素除了涉及目的地相关旅游企业提供的商业性服务之外，不可避免地还包括能被旅游者所体验的社会氛围。目的地社会对外来游客的友善态度和好客精神往往是该地社会氛围的典型反映，渗透和表现于游客与当地社会接触过程中的方方面面，从而会不可避免地影响到文化旅游服务的质量。

“好客”，按照字面的理解，通常指热情、友好的待客态度和待客行为。就一个旅游目的地而言，“好客”的主体主要是当地居民。旅游目的地居民“好客”的具体行为表现可以概括为：一是能微笑待人，因为在面对面交流上，通过表情传递出的信息往往是先于语言的，善意的微笑是最直观的、最容易被接受的友好示意；二是和善的举止和言谈，这不仅是居民友好程度的体现，而且也有助于避免可能产生的误解；三是乐于助人，例如面对旅游者的问询热情回应，旅游者遇到困难时主动援助等。旅游目的地社会在接待来访旅游者过程中所表现的热情好客，实际上需要以来访旅游者对当地社会的尊重为基本前提的。面对一名态度傲慢、盛气凌人、行为放肆的外来访问者，有谁会愿意待之以热情？如果说商业性旅游企业的服务人员出于工作性质的要求，对此还有可能委屈忍让的话，那么与此并无直接利害关系的当地居民无论如何是不会忍耐的。此外，游客的某些行为表现，例如在公共场所乱扔垃圾、不遵守公共秩序等，也会影响当地居民对外来旅游者的态度。作为来访旅游者，他们与目的地居民之间的接触是暂时的，然而对于当地居民来说，接触外来游客则属一种不断连续发生的长期行为。这意味着即使是少数游客的低素质表现，久而久之也会使当地社会对外来旅游者的态度产生变化，甚至发展到排斥来访者。一旦出现这种情况，要想重新恢复该地社会初始阶段的好客态度，是需要付出很大代价的。

Doxey 曾根据在巴巴多斯和尼亚加拉湖区为案例进行的调研与分析，总结出旅游发展的阶段性在目的地居民对待旅游者的态度上的体现。当地居民与旅游者之间的关系是一个演进的过程，即融洽阶段、冷漠阶段、恼怒阶段、对抗阶段等。旅游目的地居民对待外来旅游者的态度会随着该地旅游业发展阶段的变化而有所调整。例如，在一些经济落后地区，当地居民对偶尔到访的外地来客，一般待以亲切与热情。这种好客表现通常是当地传统的社会文化所驱动。当然，这种热情也可能是人们对旅游发展所能带来的美好的经济前景满怀着憧憬所致。然而随着该地旅游业的发展和来访游客的不断增多，当地居民的价值观难免会出现变化，同来访旅游者之间的接触也难免会由起初纯朴好客的交往关系逐渐演变为功利性的交换关系，甚至在接待服务中会出现以外来游客为目标的“欺客行为”。随着旅游接待规模的进一步增大，如果当地对旅游业的发展管理不善，一些负面问题可能会相继出现，例如忽视当地居民的参与和经济利益、当地居民的生活空间相对缩小，从而造成拥挤和生活不便、污染源的增多导致当地环境质量恶化、物价上涨等情况，从而使当地居民的生活质量下降。如果这些源于发展旅游的问题长期得不到有效解决，当地居民势必会对旅游者的来访产生抵触，态度不仅会逐渐冷漠，甚至有可能发生行为上的对抗。

旅游活动过程中不可避免地涉及主客双方的接触和互动，在这一过程中，目的地居民所展现的好客程度，将会影响到来访旅游者旅游经历或体验的质量，进而对整个旅游产品的质量都会产生相当重要的影响。作为外来的访客和消费者，会期望自己在该地能够受到善待和尊重，这种感受会成为衡量其经历质量的基础。因此，目的地居民所展现的友善氛围和好客程度，必将影响和感染身处其中的来访旅游者，并对其旅游经历或体验的质量产生重要影响。

3.2.3 科学技术因素对旅游产品质量的影响

科学技术与旅游的结合随着社会的发展变得越来越密切，二者融合的程度也不断增大。高科技在旅游业中的应用，丰富了旅游产品的类型，大大提高了旅游者的兴趣和旅游产品的质量。科学技术的发展带来了新的文化旅游产品和服务的模式，也为旅游者在旅游产品选择上提供了极大的空间。

3.2.3.1 科技的发展丰富了文化旅游产品的内容

新的科技成果使旅游者的活动空间和体验达到了前所未有的水平。例如，采用特定的表现手法、制作手段以及虚拟现实技术，可以模拟地震、火山爆发、虎口脱险等情景，或以真实的旅游景区或景点的环境为依托还原历史场景，更大程度上增加旅游者的体验。

科学技术的发展业促进了文化产业和旅游产业的融合，涌现出一批集技术、文化和旅游为一体的文化旅游产品。主要包括三类文化旅游产品：第一类是主题场馆和公园，包括了各种动漫馆、科技馆和创意园区等。比如迪斯尼乐园就是典型的美国文化的代表，它通过科技手段，制造各种欢乐的气氛，实现动漫人物和场景再现，让旅游者流连忘返。第二类是文化旅游演艺。它们以实景为依托，将文化元素通过科学技术渗透到传统文化旅游产品中去，形成一种情景交融的状态。典型的代表有“大宋·东京梦华”和“印象刘三姐”。前者是开封宋都古城文化产业园依托于清明上河园的《大宋·东京梦华》推出的大型水上实景演出，后者是由张艺谋导演利用国内最大规模的环境艺术灯光工程及独特的烟雾效果工程，创造出了如诗如梦的视觉效果，构建了一个空前壮观的舞台灯光艺术圣堂，并从一个新的角度升华了桂林山水。第三类是文化创意旅游商品。购买旅游商品会成为旅游者到过某个地方的记忆，成为一次旅游经历的最好证明。随着旅游者旅游经历的丰富和旅游消费的成熟，普通旅游商品已经很难达到旅游者的要求，而文化创意型旅游商品恰好迎合了旅游者的需要。蕴含了科学技术、文化内涵和地方特色的旅游商品是最受游客喜爱的。

3.2.3.2 科技使得文化旅游服务的质量得到提高

网上“自助旅游”电子商务的兴起，以及“智慧旅游”的出现与发展，彻底改变了传统旅游服务的概念。从旅游电子商务服务到智慧旅游，技术的革新发挥了重要作用，也使旅游服务更加自主化和个性化。

旅游电子商务是指以网络为主体，以旅游信息库、电子化商务银行为基础，利用先进的电子手段运作旅游业及其分销系统的商务体系。旅游电子商务突破了旅游业传统的经营模式和手段，从而达到降低成本、让利于消费者的目的。这种方便、快捷、准确的全新商务过程，也为人们完成旅游活动提供了广阔的空间。中国旅游电子商务经过不断的发展，已经形成一批具有相当服务实力的线上旅游运营商，如以在线旅游代理商身份获取佣金盈利模式的携程、艺龙、去哪儿、以在线旅游零售商身份获取服务费用的阿里旅行·去啊（旅游超市）和以O2O批零一体化运营商身份获取利润的众信旅游、途牛等。

旅游电子商务进一步发展就成为智慧旅游。智慧旅游是基于新一代信息技术（也称信息通信技术，ICT），为满足旅游者个性化需求，提供高品质、高满意度服务，是实现旅游资源及社会资源的共享与有效利用的系统化、集约化的管理变革。智慧旅游不同于旅游电子商务，它是比旅游电子商务更加高端的一种形式，集成性强，可以满足旅游发展中的综合需求。散客市场的不断扩大使得个性化的旅游需求不断增强，智慧旅游的建设为旅游者提供更加便利快捷的智能化、个性化、信息化的服务。

对于旅游者来说，智慧旅游可以全程为旅游者提供互惠互通的智能化服务产品，将传统的旅游者“被动接受式”旅游方式转变为“主动选择式”。具体来说，智慧旅游为旅游者提供智慧的旅游咨询、智慧的旅游预订和购买、智慧的旅游接待和智慧的旅游售后服务。智慧旅游接待是以智慧城市公共基础设施为依托，以各级旅游集散中心为枢纽，以旅游云平台为信息中枢，以智慧旅游技术产品应用为媒介，为旅游者提供导航、导游、导览、导购全程式旅游服务的智慧旅游科技环境享受过程。

智慧旅游利用智慧城市的“云计算”实现资源整合。首先，云计算中心海量的信息资源为旅游者提供的强大的信息资源库；其次，信息来源于互联网，并由专门人员维护，实现实时更新；再次，智慧旅游为旅游者提供信息自动筛选功能，通过推荐关键字，实现旅游者的轻松选择。

由于旅游业自身的特征，旅游的咨询和预订或者购买经常是同步完成于旅游活动之前的，因此，智慧旅游的咨询和预订都保证连贯在同一平台上，为旅游者提供“一键式”服务，一方面，智慧城市为旅游者的预订和购买提供更为便捷和广泛化的渠道，另一方面，智慧旅游体系与金融等产业衔接，保证网上支付的安全性。旅游者可以根据所查信息随时进行预订和购买，也可以随时随地改变和制订下一步的旅游行程，而不浪费时间和精力，也不会错过一些精彩的景点与活动。

智慧旅游在为旅游者提供“全程式”旅游服务的同时，也为旅游者的旅游心情分享提供了广阔、安全、及时的途径。例如借助 Web2.0 技术的旅游网站互动平台可以实现旅游者之间以及旅游者与旅游供应商、旅游接待方等旅游组织的意见和建议沟通，有利于旅游投诉及时合理处理等。智慧旅游售后服务也有助于及时发现文化旅游产品存在的质量问题或是已不能满足市场需求的文化旅游产品，能帮助旅游目的地政府和旅游经营商对产品及时改进调整，进而保持整个旅游市场的活力。

3.3 环境因素

自然环境和社会人文环境则是文化旅游产品能够可持续发展的前提。环境的保护始终贯穿于文化旅游产品发展的整个生命周期，同时优美的环境也是文化旅游产品不可或缺的部分。因此，必须把旅游目的地的环境建设与旅游业的发展紧密地结合起来，使旅游能够健康、持续的发展。

3.3.1 旅游目的地自然环境因素

旅游目的地自然环境主要包括目的地文化旅游产品所赖以生存和发展的各种自然环境，有大气环境、地质地貌环境、生物环境等。而每一个文化旅游产品都是与其周围的自然环境生生相息的，就像被评为世界文化遗产的布达拉宫，由于高原地势、山地的衬托，使它显得更为庄严、肃穆，也正是由于高原独特的蓝天和雪山陪衬，让布达拉宫显得格外壮丽，仿佛是美丽和圣洁的化身。

在旅游发展过程中无论是旅游经营者还是旅游者，都会出现破坏或污染自然环境的行为。一些企业为了修建更多的酒店、餐厅和各种娱乐场所等的旅游设施，对目的地环境进行大肆破坏。还有一些旅游企业在经营过程中对排放的垃圾不进行妥当处理，从而造成水体、大气等的污染。旅游者的大量涌入和由此而导致的排污量的增加，当地的污染问题就会更加严重。所以旅游目的地不仅要重视文化旅游产品本身的质量，也要加强对自然环境的建设并防止被破坏。因此要合理地建设旅游配套设施，控制好客流量，治理景区、景点脏、乱、差的现象，也要建立相应的规章制度，加强对旅游从业者以及旅游者的宣传教育，尽量消除旅游活动带给环境的污染。只有这样旅游目的地才能打造出令人满意的、高质量的文化旅游产品。

3.3.2 旅游目的地人文环境因素

旅游目的地的人文环境包括当地旅游政策、旅游管理水平、安全环境、风俗习惯、文化资源以及人们的道德水平、教育水平等。文化旅游产品发源于人文环境之中，其质量必然会受目的地人文环境的影响。旅游目的地人文环境对文化旅游产品质量的影响主要有以下两方面：一是积极影响。当旅游目的地不同利益群体目标达成一致时，他们会主动地维护文化旅游资源和产品，支持当地旅游活动的开展，从多方面改善地区环境和条件来促进旅游的发展，政府也会通过制定适宜的规划和政策，为旅游者和经营者提供更好的条件。二是消极影响。当目的地不同利益群体发生矛盾和冲突时，就会出现许多如治安问题、服务低劣、欺骗旅游者等问题，这些都会影响到文化旅游产品的质量。本课题组对中外游客旅游影响因素调研发现，旅游安全排名第一。

旅游目的地安全环境对文化旅游产品质量的影响主要包括在吃、住、行、游、购、娱等各环节旅游服务的安全问题。从目前已出现的有关旅游服务的安全问题中发现，问题的表现形式主要有犯罪、疾病或中毒、交通事故、自然灾害等，这些安全问题最常见且危害性都很大。在旅游活动的各环节中，交通服务的安全问题影响最大、发生的频率较高，而且往往具有毁灭性。旅游活动本身对于外部环境的变化敏感度很高，极易受到外部不可抗力因素的影响，例如自然灾害。自然灾害由于不易控制甚至是不可控的，所以如果旅游目的地是自然灾害多发区，就会造成目的地旅游形象的损害、对旅游者的出游心理产生负面影响以及对旅游服务人员造成心理影响等问题。

为了给旅游者创造一个安全的旅游环境，旅游目的地必须采取安全管理的措施。一要加强目的地旅游安全环境的宏观管理。制定旅游安全政策、法规，以切实做好旅游安全管理工作。二要完善旅游保险。这是做好安全事故善后工作、保障旅游者合法权益的保证。三要加强旅游医疗卫生保障。四要加强旅游目的地安全的宣传与教育，提高人们的旅游安全意识。既要面向旅游者又要面向旅游从业人员。前者可通过旅途中的各种告示和旅游从业人员的安全建议等达到目的。后者则要进行专业的培训，包括旅游安全事故的处理办法。

有些旅游目的地居民或企业受经济利益的驱使，不断出现一些损害旅游者利益的现象。例如“七黑”现象（黑旅行社、黑导游、黑车、黑马、黑船、黑店、黑摄像），以及旅游业中个别人窃取商业秘密、盗用企业名称、竞相压价、强买强卖、向旅游者推销假冒伪劣旅游产品、服务态度恶劣、刁难旅游者、无故改变旅游日程等现象所带来的问题，都损害了旅游者的合法权益，丑化了旅游目的地旅游业的形象，从而影响了文化旅游产品的质量。目的地内出现的色情、赌博以及酗酒、吸毒、偷窃、抢劫和犯罪团伙等，也污染了目的地的环境。这些现象会使外来旅游者的生命财产受到威胁或损失，没有安全感，文化形象弱化，造成目的地旅游业受到致命打击。

旅游目的地的文化习俗是吸引旅游者前往的一大亮点，它包括了当地的传统文化、风俗习惯、文学艺术等。风俗习惯是指一个地区的人们在自然环境和社会环境的影响和作用下，在生活和生产中形成的，并由历代人们共同遵守的行为模式或规范。风俗习惯具有地域性特征，各民族由于地域环境、气候以及与此相联系的历史特征、民族传统、宗教影响等的不同，会逐渐形成具有民族性和地域性特色的文化、风俗和习惯。正是这种文化的差异性，满足了旅游者猎奇、寻求新鲜的需要。不仅如此，当地的文学艺术作品，诸如诗词文集、楹联碑刻、戏曲、小说、书法绘画以及现代的电影、纪录片等，也会充实文化旅游产品的内容。这些文学艺术作品对旅游者具有意识、文化上的诱导作用，如许多旅游者就因为读过张继的“月落乌啼霜满天，江枫渔火对愁眠”，才选择去苏州的寒山寺旅游的。所以，旅游目的地的文化习俗也是对文化旅游产品的一种补充，丰富了文化旅游产品的内容，增强了旅游目的地的吸引力。

参考文献

[1] 李天元. 旅游学 [M]. 北京：高等教育出版社，2002：73－77.

[2] 谢彦君. 基础旅游学（第3版）[M]. 北京：中国旅游出版社，2011：125－128.

[3] 马勇，李玺. 旅游规划与开发（第3版）[M]. 北京：高等教育出版社，2012：26－28.

[4] 胡小纯，冯学钢. 中外旅游服务研究综述及评价［J］. 思想战线，2004，30（5）：133.

[5] 李冠瑶，刘海鸿. 旅游学教程［M］. 北京：北京大学出版社，2005.

[6] 代媛媛. 论旅游服务的标准化与个性化［N/OL］. 2005 - 11 - 30. http//www.klly.net/ns_ detail phpide =2067 ￥ nowm enuid =41045 ￥ cpath = ￥ catid =0.

[7] 张渊博. 论基于地域文化的旅游文化资源开发［J］. 湖北函授大学学报，2011，24（8）：66 - 67.

[8] 陈大路，谷晓红. 地域文化基本特征的新审视［J］. 学术交流，2007（164）：174 - 177.

[9] 乌恩. 地域文化与旅游规划［J］. 人文地理，2001，16（1）：25 - 26.

[10] 包广静，李春燕. 地域文化与旅游互动机理探析［J］. 云南师范大学学报，2003，35（6）：128.

[11] 沈祖祥. 旅游文化学［M］. 福州：福建人民出版社，2012：218 - 222.

[12] 李天元，向招明. 目的地旅游产品中的好客精神及其培育［J］. 华侨大学学报（哲学社会科学版），2006（4）：66 - 70.

[13] 张捷. 信息时代科技发展、新旅游及旅游规划更新［J］. 安徽师范大学学报（自然科学版），2003（4）：5.

[14] 张利民. 浅谈我国旅游科技发展现状及其问题［J］. 电子测试，2014（9）：119.

[15] 笪玲，程明亮. 贵州省旅游科技现状及发展对策研究［J］. 生态经济评论，2011：220.

[16] 王爱芳. 浅谈我国旅游电子商务的发展［J］. 改革与开放，2010：46.

[17] 赵亮，王忠伟，李洪娜. 旅游电子商务运营模式及其发展趋势［J］. 改革与战略，2012，28（4）：159 - 161.

[18] 张凌云，黎巎，刘敏. 智慧旅游的基本概念与理论体系［J］. 旅游学刊，2012，27（5）：66 - 68.

[19] 黄超，李云鹏. “十二五”期间“智慧城市”背景下的“智慧旅游”体系研究［C］//2011《旅游学刊》中国旅游研究年会会议论文集，2011：55 - 67.

[20] 王德刚. 旅游学概论（第 2 版）[M]. 济南：山东大学出版社，2004：194－196.

[21] 陈泓吟. 旅游对环境的影响研究 [J]. 桂林旅游高等专科学校学报，200，11（2）：71－73.

[22] 赵福祥. 旅游与社区人文环境互动关系研究 [J]. 云南财贸学院学报，2003，19（6）：104－106.

第四章　文化旅游产品质量评价方法研究

4.1　旅游产品质量评价研究综述

国际标准化组织综合产品和服务的特点，定义质量为“一种产品或服务满足明确和隐含需要的能力或特性的综合”。由于相关法律和信用体系的缺失，我国的旅游业在很多方面不规范。而统计显示，近些年对旅游重大恶性事件投诉相对减少，投诉的重点已转移到旅游服务质量和市场秩序等软环境上，旅游产品质量的监管已成为旅游市场管理的重中之重。但对旅游产品质量的控制相当困难，和其他工业产品不同，很难借助仪器或者化验手段去判定一个旅游产品的优劣。旅游产品结构复杂，既包括旅游资源，又包括旅游服务。面对这样一个复合产品，如何对其质量做出合理的评价既重要又复杂。

4.1.1 定性评价方法

从旅游者角度，在旅游过程中购买的除了少量有形物质产品之外，总体上是一次完整的经历，而不是一件实物。旅游企业要为游客提供包括吃、住、行、游、购、娱等各个方面的一揽子产品，旅游产品是旅游吸引物及其提供过程综合作用的复合体，包含实现一次全程旅游活动所需要的各种服务组合。

由于服务具有不同质性，旅游产品质量不单依靠产品本身，只有部分可由供应者自主评定，其余部分必须由旅游者亲身实践并依据自身感受来评价其质量和价值，因此游客的感受和评判标准异常重要，但是涉及主观心理因素，旅游者出游动机各不相同，难以对产品质量进行客观评判。目前采取的办法是通过外部检验标准对服务进行评价，一般由政府或行业组织对该行业质量制定相应标准，使服务规范化和体系化成为优质服务的保证，旅游企业也在尝试引入一套完整的适合自身行业特点的服务质量管理制度。

黄郁成（1998）指出，旅游产品质量的内涵应由三个因素构成，即：旅游产品设计的质量、旅游服务过程实施（亦即旅游接待）的质量及旅游产品售后服务的质量，这三个因素所构成的综合质量才是旅游产品的总体质量。第一，旅游产品设计的质量是旅游产品质量保证的前提，提高旅游产品的质量必须首先以提高旅游产品的设计水平着手。

而旅游产品的设计也必须首先要以最大限度地满足游客的旅游体验为目的。第二，旅游服务的实施，也就是旅游接待的质量，是旅游产品质量的具体体现，一项设计得再好的产品若在旅游接待过程中产生问题将会前功尽弃。因此，旅游接待的质量，也就是旅游者所接受的旅游服务的质量是旅游产品质量的核心，也是旅游产品设计质量的具体体现。衡量旅游接待的质量，是通过旅游者在旅游过程中的体验反映出来的，这种旅游的体验由两方面因素所决定。首先，是旅游者所购买的旅游产品中所包含的物质待遇是否达标（亦即合同约定的标准）；其次，是旅游者所购买的旅游产品中所包含的人员服务（旅游产品中所包含的人员服务主要是指导游服务）是否达标。其中导游的服务水平主要表现在景点的解说能力以及对具体事务的处理能力和突发事件的应变能力。国家旅游行政管理部门对导游管理实行持证上岗与等级评定，特别是等级评定制，具体到各旅行社大都流于形式。因此，旅游服务质量应从一定时期、一定地域内各旅游企业总体旅游服务水平来衡量，而导游的水平与表现实际上又是旅行社的服务水平与管理水平的综合体现。第三，旅游产品售后服务的质量是旅游产品质量保证的延续。旅游产品的售后服务是指旅游企业在旅游者的旅游结束后提供的后续服务，这种服务既是对旅游产品的品质保障，又是对另一次旅游产品服务的开始。综上所述，旅游产品的质量评价是基于游客感知，通过旅游者对旅游过程中的旅游体验的满足感来决定的。旅游企业对旅游质量的保证应从旅游产品的设计、旅游服务过程的实施以及旅游产品的售后服务三个方面来实现。旅游产品质量的定性评价也一般从上述三方面着手。

也有部分学者将市场学 TPC 的概念引用到旅游产品质量评价中。TPC 是产品整体概念（Total Product Concept）的英文首字母缩写。TPC 是第二次世界大战后，针对 20 世纪 70 年代消费者权益运动而提出的新理论。TPC 强调从整体和系统的角度来看待产品，并且注重以社会营销观念来指导产品的设计、生产、销售和服务。TPC 理论作为市场学的核心理论之一，并没有受到旅游学者的重视。直到戴光全和吴必虎（2002）应用市场营销学的 TPC 理论和旅游地理学的 DLC 理论，对昆明市的旅游产品现状和旅游目的地生命周期进行案例分析。根据 TPC 理论，旅游产品由三个层次构成：一是核心层次（Core Product），即旅游产品满足旅游者生理需要和精神需要的效用，主要表现为旅游吸引物的功能；二是形式层次（Tangible Product），即以旅游设施和旅游线路为综合形态的实物；三是延伸层次（Augmented Product），即为旅游者的旅游活动所提供的各种基础设施、社会化服务和旅行便利。这三个层次共同组成整体的旅游产品。这个三层次分类法恰是旅游产品质量评价的另一种概念模型。

依绍华（2006）认为在产品质量趋同的情况下，优质服务成为企业战胜对手的重要手段。一般物质形态的旅游资源评价大多依据国家标准对旅游资源进行等级划分。旅游者对产品质量的评判多是对服务质量进行评判。通常地，理论界将服务质量分成客观质量和主观质量：客观质量是对有形因素进行客观评价；主观质量是对无形因素进行主观评价，无形因素的服务质量在很大程度上取决于员工技能及其服务态度等。一般来讲，顾客对服务的评价取决于对所接受服务的感受与事先期望之间的比较，当顾客对服务的感知等于或超过了对服务的预期时，就会感到满足；如果低于顾客预期，就会认为是低质量的。导致这种差异的因素主要来源于以下五个方面：顾客对服务的期望与企业对这些期望的诠释存在差异；顾客和企业对服务质量的认知之间存在差异；企业制定的服务质量标准与顾客期望存在差距；企业提供的服务未能达到其制定的服务质量标准；企业的对外宣传与提供的实际服务内容不符。

综上所述，旅游产品一般都包括有形部分和无形部分（服务）。有形部分就是一般意义上的商品，这部分在质量的确定上并不困难。旅游产品的无形部分也就是旅游服务，主要包括旅游从业人员的表现，旅游服务设施的状况以及旅游管理水平等。这部分的质量很难直接确定，只能通过一些指标得以反映。根据旅游产品的特性，可以确定以下评价因子：价格、安全、便捷度、舒适度、规范化程度、人性化程度等。旅游产品是一种复杂的组合产品，旅游产品质量的提升需要众多部门的协同，在发展旅游过程中，除了要关注硬件水平的提高，更重要的是要关注旅游软环境的改善。旅游产品质量评价方法多是一些概念模型，而定量方法则是在概念模型的基础上进行指标划分和赋值。文化旅游产品质量的评价同样可采用上述概念模型进行分析，但在具体分析中应突出文化旅游产品的文化属性。

4.1.2 定量评价方法

对于旅游产品而言，因产品结构相当复杂，旅游产品质量的测定相当困难，一些学者对旅游产品质量的定量评价进行了探索。

马俊（2006）将旅游产品分为有形部分和无形部分（服务）。根据旅游产品的构成，将旅游产品综合质量测定模型描述为：$V = W_tV_t + W_iV_i$。其中 V_t 是旅游产品有形部分的质量评价得分；V_i 是旅游产品服务部分的评价得分；W_t、W_i 分别为有形部分和服务部分的权重，$W_t + W_i = 1$，$W_t > 0$，$W_i > 0$。其中各部分的权重可以通过 Delphi 法或者其他权重设定方法进行确定。$V_t = 100 \times Ce/C$，对于有形产品，通过检验很容易确定其合格与否。公式中 Ce 为有形商品中合格产品总价值，C 为所消费的有形产品价值总和，这样便可以确定有形部分产品质量的评分。例如，某次旅游过程中，有形产品总支出为 1000 元，其中合格产品价格总额为 900 元，则 $V_t = 100 \times 900/1000 = 90$。

V_i 的测定相对复杂，首先必须确定旅游服务质量评价指标集，设 $Q = (q_1, q_2, q_3, \cdots, q_n)$，其中 q_i 表示选定的第 i 个评价指标，$i = 1, 2, 3, \cdots, n$。依据旅游服务质量要素，设 $Q = (q_1, q_2, q_3, \cdots, q_n) =$（价格，安全，便捷，舒适，规范化，人性化）。其次，设定每个指标评分等级的域，$M=(m_1, m_2, m_3, \cdots, mm)$，$m_j$ 表示评分等级，$j=1, 2, 3, \cdots, m$。例如可以设 $M=$（很好，比较好，一般，比较差，很差）。评分等级最好在 4 到 6 之间，太多或太少都容易造成评价结果失真。最后，必须确定指标的权重集 $W=(W_1, W_2, W_3, \cdots, W_n)$。其中，$W_i>0$，表示第 i 个指标的权重，$\sum_{i=1}^{n} W_i=1$，其中 $i=1, 2, \cdots, n$。

各参数确定后，可以通过调查获得各指标评价的隶属矩阵：

$$R=(r_{ij})_{n\times m}=\begin{bmatrix} r_{11} & r_{12} & \cdots & r_{1m} \\ r_{21} & r_{22} & \cdots & r_{2m} \\ \cdots & \cdots & \cdots & \cdots \\ r_{n1} & r_{n2} & \cdots & r_{nm} \end{bmatrix}=\begin{bmatrix} R_1 \\ R_2 \\ \cdots \\ R_n \end{bmatrix}$$

在矩阵 R 中，元素 r_{ij} 表示在所有参与评价的游客或专家中，对指标 q_i 评分为 m_j 的人数占参与评价者的总人数的比重。例如：如果有 10 个人参与评价，在对旅游服务安全性（q_2）的评价中，有 3 个人认为“很好”（m_1），2 个人认为“比较好”（m_2），4 个人认为“一般”（m_3），没有人认为“比较差”（m_4），1 个人认为“很差”（m_5）。则可以计算出 $r_{21}=0.3$，$r_{22}=0.2$，$r_{23}=0.4$，$r_{24}=0$，$r_{25}=0.1$。其中 $R_i=(r_{i1}r_{i2}\cdots r_{im})$，$\sum_{j=1}^{m}(j=1,2,\cdots,m)$。

由权重集 W 和隶属矩阵 R，利用模糊数学相关原理，可以得到综合评价模型：

$$B = W.R = (W_1, W_2, \cdots, W_n)\begin{bmatrix} r_{11} & r_{12} & \cdots & r_{1m} \\ r_{21} & r_{22} & \cdots & r_{2m} \\ \cdots & \cdots & \cdots & \cdots \\ r_{n1} & r_{n2} & \cdots & r_{nm} \end{bmatrix}$$

$$= (b_1, b_2, \cdots, b_n)$$

其中，$b_j = \sum_{i=1}^{n} W_i. r_{ij}; j = 1, 2, \cdots, m$。

b_i 表示对被测旅游服务做出等级为 m_i 评价的评价者比例。

为了使旅游服务评价结果更具可比性，并且与前面旅游产品有形部分评分对应，在此可以将每个指标的等级域量化。例如，“很好”得分 100，“比较好”得分 75，“一般”得分 50，“比较差”得分 25，“很差”得分 0。这样就有 $N = (n_1, n_2, \cdots, n_m)$，$0 \leqslant n_j \leqslant 100$，向量 N 为指标等级域 M 的量化形式。最后可以得到旅游服务质量综合评价得分：

$$V_i = (b_1, b_2, \cdots, b_m)\begin{bmatrix} n_1 \\ n_2 \\ \cdots \\ n_m \end{bmatrix} = \sum_{j=1}^{m} b_j n_j$$

至此，V 的 4 个变量 W_t、W_i、V_t、V_i 都已确定，将 4 个变量代入原函数便可以求得该旅游产品质量的综合得分 V，$V \in [0, 100]$。V 的得分越高则表明该旅游产品的质量相对越好。

该方法理论上适用于所有旅游产品的质量评价，但尚未进行方法的实证检验，难以确定方法的科学性、准确性与真实性。目前，国内外对旅游产品质量评价方法的研究并不多，多数研究者探讨旅游产品开发、旅游产品服务质量评价、产品质量管理等，缺乏旅游产品质量评价的系统性方法。目前阶段在旅游产品质量普查、监督阶段并无统一的标准，但无论使用何种评价方法，均无法脱离两大方法体系，即定性评价与定量评价。上述旅游产品质量评价方法为文化旅游产品质量评价方法提供了一定的理论基础与构建思路。

4.2 旅游资源质量评价方法研究

本书对旅游产品的定义是：旅游产品是指为满足旅游者的愉悦性休闲体验需要而在一定地域上被生产或开发出来以供销售的物象与劳务的总和。简而言之，旅游产品可视为“旅游资源”与“旅游服务”的结合体。最为典型的旅游产品就是旅游线路，依赖于旅游资源所做的开发，外加贯穿于整个旅游活动的各类服务。显然，旅游资源质量的好坏影响旅游产品质量的高低。尤其是对资源依托型旅游产品进行质量评定时，国家划分的评价指标与赋值标准，对确定旅游产品质量评价中资源评价指标的划分具有极强的借鉴意义。根据《旅游资源分类、调查与评价》（GB/T 18972—2003 国家标准）旅游资源质量等级评分标准，评价体系中设 3 大“评价项目”和 8 项“评价因子”。评价项目为“资源要素价值”“资源影响力”“附加值”（见图 4 -1）。

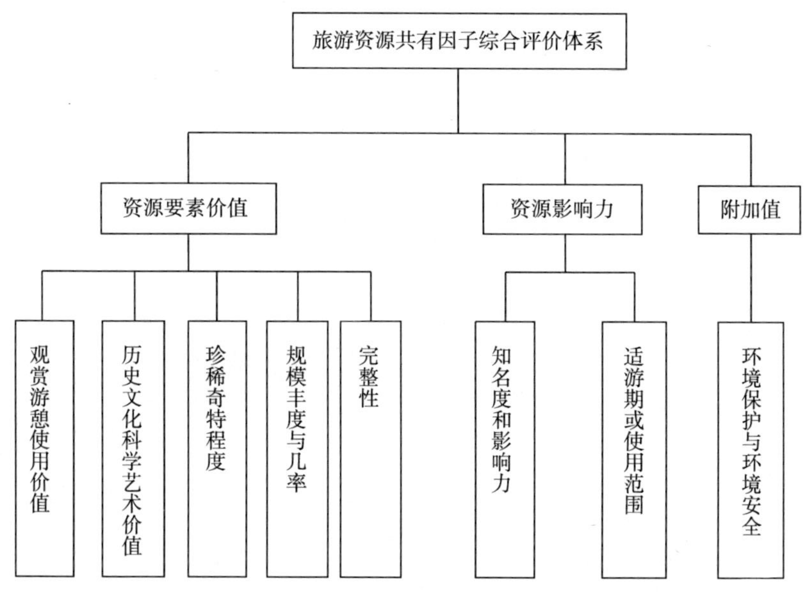

图 4－1 旅游资源共有因子综合评价体系

评价项目和评价因子用量化值表示。资源要素价值和资源影响力总分为 100 分，其中：“资源要素价值”为 85 分，“资源影响力”为 15 分，“附加值”中“环境保护与环境安全”分正分和负分。根据对旅游资源单体的各项因子的定量评价，最终得出该旅游资源单体共有综合因子评价赋分值。依据旅游资源单体评价总分，将其分为五级，从高级到低级为：五级旅游资源，得分值域≥90 分；四级旅游资源，得分值域≥75～89 分；三级旅游资源，得分值域≥60～74 分；二级旅游资源，得分值域≥45～59 分；一级旅游资源，得分值域≥30～44 分。此外还有：未获等级旅游资源，得分≤29 分。其中：五级旅游资源称为“特品级旅游资源”；五级、四级、三级旅游资源被通称为“优良级旅游资源”；二级、一级旅游资源被通称为“普通级旅游

资源”。(旅游资源评价赋分标准见表4－1)

表4－1 旅游资源评价赋分标准

评价项目	评价因子	评价依据	赋值
资源要素价值（85分）	观赏游憩使用价值（30分）	全部或其中一项具有极高的观赏价值、游憩价值、使用价值	30－22
		全部或其中一项具有很高的观赏价值、游憩价值、使用价值	21－13
		全部或其中一项具有较高的观赏价值、游憩价值、使用价值	12－6
		全部或其中一项具有一般的观赏价值、游憩价值、使用价值	5－1
	历史文化科学艺术价值（25分）	同时或其中一项具有世界意义的历史价值、文化价值、科学价值、艺术价值	25－20
		同时或其中一项具有全国意义的历史价值、文化价值、科学价值、艺术价值	19－13
		同时或其中一项具有省级意义的历史价值、文化价值、科学价值、艺术价值	12－6
		历史价值或文化价值或科学价值或艺术价值具有地区意义	5－1
	珍稀奇特程度（15分）	有大量珍稀物种，或景观异常奇特，或此类现象在其他地区罕见	15－13
		有较多珍稀物种，或景观奇特，或此类现象在其他地区很少见	12－9
		有少量珍稀物种，或景观突出，或此类现象在其他地区少见	8－4
		有个别珍稀物种，或景观比较突出，或此类现象在其他地区较多见	3－1

续表

评价项目	评价因子	评价依据	赋值
资源要素价值（85分）	规模、丰度与几率（10分）	独立型旅游资源单体规模、体量巨大；集合型旅游资源单体结构完美、疏密度优良级；自然景象和人文活动周期性发生或频率极高	10－8
		独立型旅游资源单体规模、体量较大；集合型旅游资源单体结构很和谐、疏密度良好；自然景象和人文活动周期性发生或频率很高	7－5
		独立型旅游资源单体规模、体量中等；集合型旅游资源单体结构和谐、疏密度较好；自然景象和人文活动周期性发生或频率较高	4－3
		独立型旅游资源单体规模、体量较小；集合型旅游资源单体结构较和谐、疏密度一般；自然景象和人文活动周期性发生或频率较小	2－1
	完整性（5分）	形态与结构保持完整	5－4
		形态与结构有少量变化，但不明显	3
		形态与结构有明显变化	2
		形态与结构有重大变化	1
资源影响力（15分）	知名度和影响力（10分）	在世界范围内知名，或构成世界承认的名牌	10－8
		在全国范围内知名，或构成全国性的名牌	7－5
		在本省范围内知名，或构成省内的名牌	4－3
		在本地区范围内知名，或构成本地区名牌	2－1
	适游期或使用范围（5分）	适宜游览的日期每年超过300天，或适宜于所有游客使用和参与	5－4
		适宜游览的日期每年超过250天，或适宜于80%左右的游客使用和参与	3
		适宜游览的日期超过150天，或适宜于60%左右的游客使用和参与	2
		适宜游览的日期每年超过100天，或适宜于40%左右的游客使用和参与	1

续表

评价项目	评价因子	评价依据	赋值
附加值	环境保护与环境安全	已受到严重污染，或存在严重安全隐患	-5
		已受到中度污染，或存在明显安全隐患	-4
		已受到轻度污染，或存在一定安全隐患	-3
		已有工程保护措施，环境安全得到保证	3

旅游资源评价的方法较多，目前在旅游资源普查阶段使用国家标准的情况较多，但在旅游规划中对资源的评价，由于国家标准的指标体系较粗，实际使用的较少。但无论规划中使用何种评价方法，均无法脱离两个方法体系，即定性评价和定量评价。定性评价一般从三个角度进行评价：科学价值、对游客的吸引力、对旅游区开发建设的影响。还有一种定性方法即“三三六”评价法。而定量评价较定性评价的结果更直观、更准确，主要方法是对各个旅游资源进行打分、计算，将难以量化的指标进行数量化。目前，数量化是现代评价方法的发展趋势。此类方法较多，如：非结构性决策理论、多方位多维综合评价体系、多级模糊模式识别系统、多层次决策分析法等。

4.3 旅游服务质量评价方法研究

对一个完整的旅游产品进行质量评价时，必不可少的评价环节是对整个旅游活动过程中旅游服务进行质量评价。旅游服务质量的高低直接影响到游客的满意度和旅游产品的可持续发展。游客满意度的高低同旅游产品质量的高低息息相关。为在文化旅游产品质量评价中对文化旅游服务进行充分的评价，有必要对现有旅游服务质量评价方法进行简要介绍，为文化旅游产品质量评价方法的良性发展提供借鉴意义。旅游服务一般由旅游市场服务与旅游公共服务构成，不同类型的旅游服务有其不同的评价指标体系，适用于不同类型的旅游者。对团队旅游者而言，旅游市场服务更多影响着旅游者的旅游满意度。对于当下火热的自驾游游客与自助游游客而言，旅游公共服务供给是否充分、布局是否合理以及内容是否完善则更多地影响着游客的满意度，影响游客对旅游产品质量的评价。

4.3.1 旅游市场服务质量评价方法

近 30 年来，随着旅游竞争的加剧，旅游服务质量日益引起社会各界的广泛关注。服务质量已经被认为是区分不同旅游服务以及在目标市场上提升旅游企业竞争力和目的地吸引力的重要策略。提升旅游服务质量的前提是了解当前旅游服务质量水平，明确服务质量存在的问题，这必须依赖于有效的旅游服务质量评价模式。有形产品可以直接根据相应的标准或技术规范来进行质量测定，而服务由于具有无形性、生产和消费同步性、无法储存性等特点而使得服务质量评价变得更加困难和复杂。自 20 世纪 80 年代以来，国外一直在探索有效的旅游服务质量评价机制。在国内，有关旅游服务质量的研究明显滞后，直到 21 世纪初，中国学者才开始关注旅游服务质量这一研究领域。

旅游市场服务质量评价包括定性和定量评价。维沃德于1983年提出了服务质量审核的概念，认为可以从4个阶段实施服务质量的审核工作：①准备阶段；②审核员准备阶段；③审核方法；④等级系统。他认为要做好服务质量的审核工作，可以通过观察、记录检查、询问、错误和倾向、检查表等方法。还有一种方法是关键事件法（Critical Incident Method，CIT）。这种方法是通过询问顾客对已接受的服务质量的看法以了解经常出问题的服务环节或过程。凯伦讨论了CIT技术在饭店业的应用，认为这是一种较好的评价顾客感知的方法，可以准确定位服务质量存在的主要问题。但当前旅游服务质量评价方法最主要的还是定量评价方法，具体包括以下几种。

（1）差距分析法

格罗鲁斯认为服务质量是顾客比较其期望和实际的结果，两者之间的差距决定了服务质量的高低。具体表达式如下：

$$Q = E - P$$

上述公式中 Q 表示“服务评价质量”，E 表示“预期的服务质量”，P 表示“实际感知到的服务质量”。

当期望高于实际时，感知服务质量就是低的，否则就是高的。差距分析法为提高旅游服务质量提供了3种基本策略：调整期望、提升服务水平和同时采用这2种方法。

格罗鲁斯在差距分析的基础上采用技术质量和功能质量2个维度评价服务质量。而PZB提出的SERVQUAL模型则是采用五维度进行差距评价，是一个包括有形性、可靠性、响应性、保证性和移情性五个维度、22 个指标的量表，量表采用从完全同意到完全不同意的 7 级评价尺度，以期望和实际感知之差来衡量服务质量，从而为找出服务质量问题的根源和如何提升服务质量开创了新的思路。刘易斯在此基础上提出了另外 2 类差距：管理者和顾客对服务传递感知的差距，管理者对顾客期望感知和对服务传递感知的差距。萨利赫和瑞安以及唐·尼尔森和屈海林通过实证分析验证了在酒店服务质量方面存在这些差距。当前，大量的旅游服务质量评价的研究都是直接或修正性采用差距分析法中的 SERVQUAL 方法。

在采用差距分析时，蒂斯则是以理想特性代替顾客期望，计算感知服务与理想特性间的差距，以此构建了 EP 模型，并认为这种方法比 SERVQUAL 方法更有效。而威尔曼和富克斯认为在实践中还可以用重要性代替期望，用顾客满意度代替感知服务。Nowacki（2005）以波兰博物馆为例，对其旅游需求进行调查，运用“SERVQUAL”评价法，创建了博物馆游客满意度评价体系，其中包括展览、解说、纪念品、整体环境等 36 项指标，认为博物馆的整体环境、馆内展品和服务水平严重影响游客的满意度。

（2）单一绩效分析法

克罗宁和泰勒通过实证和文献分析认为服务质量应该是一种态度，相比 SERVQUAL 模型，采用单一绩效评价的 SERVPERF 模型更有效率。他们坚持认为单一的绩效评价已经能够反映服务质量，不需要再考虑顾客期望。

SERVPERF模型只采用SERVQUAL模型中的效绩评价，不再进行顾客期望的调查和差距的分析，这大大精简了问卷中项目设计的数量。在对旅游服务质量进行实证研究时，大量的学者都采用单一绩效分析法。他们在问卷设计的时候，往往都直接询问旅游者对服务质量的评价，而不是分别调查绩效和期望。如洛佩兹、迪亚斯和佩雷斯在进行旅游目的地服务质量调查时，他们采用五维度直接了解顾客的感知服务质量，分别是服务比期望糟糕得多、比期望糟糕、与期望相符、高于期望、比期望高得多。索哈尔、罗伊和塞义德等直接采用极其优秀、非常优秀、优秀、满意、差、非常差、极其差这7个维度对马来西亚的酒店业进行质量评价。单一绩效分析法简单方便，不仅适用于博物馆旅游产品服务质量评价，而且也是国内很多学者和业界进行质量评价的常用方法。

（3）重要性分析法

服务质量各要素对顾客的重要程度并不一样，权重设置的不同就会直接影响最终的评价结果。对SERVQUAL模型的主要批评之一是没有考虑不同评价维度的权重。菲克和里奇认为旅游业不同部门采用SERVQUAL模型时各质量维度的重要性并不一样，航空公司和酒店最重要的是“可靠性”，饭店和滑雪胜地最重要的是“保证性”。为此，卡曼认为可以在SERVQUAL方法中引入权重，公式重新表达为：

$$Q = \sum I_i(E - P)$$

上述公式中 Q 表示“服务评价质量”，I_i表示“第 i 种评价维度的权重，” E 表示“预期的服务质量”，P 表示“实际感知到的服务质量”。

在分析质量维度重要性时，除了可以将重要性作为权重处理，还可以将其作为独立变量进行分析，比较典型的就是 IPA（Importance Performance Analysis）分析。IPA 最初是由马提拉和詹姆斯用于分析汽车销售商的服务效绩。他们声称在研究市场营销组合的不同方面 IPA 是一种低成本而又简单的技术，管理者可以根据划分的四象限确定企业资源的分配。IPA 目前被广泛运用于各种领域，包括旅游业。哈德森等人以旅游运营部门服务质量为研究对象，对 SERVQUAL、SERVPERF、加权 SERVQUAL 和 IPA 这 4 种方法进行了比较，发现这些方法并不存在显著差异，任何一种方法都可以被用来评价旅游者对质量的满意情况。IPA 分析法可以用来测量旅游者对博物馆等文化旅游产品质量的满意情况。

4.3.2 基于层次分析法的旅游公共服务质量评价

旅游公共服务在我国现阶段凸显为一个重要问题，有其独特的社会环境和经济基础。30 多年高速发展的旅游业，催生出庞大的散客旅游市场需求。许多重要旅游目的地所接待的散客量已高达 80% ~90%，旅游活动日益呈现大众化、散客化、常态化的趋势，尤其是人们对以城市为主要目的地的旅游公共服务的需求不断提升。然而大多数地方的旅游管理与服务模式还停留在“入境游客 + 团队旅游”的旧模式，当前我国旅游公共服务供给数量不足，结构不够合理，分布动态不科学等问题，严重制约了我国旅游业的发展进程。传统的以入境、观光及团队旅游为主体的旅游服务体系已不适应现实需要，无法满足自由、随机、休闲的新型散客需求，并成为制约旅游服务质量的重要因素。散客足迹和需求的广泛性与多元性，使传统的“点、线、团”旅游管理模式捉襟见肘，导致散客权益难以维护，频频引发广泛的社会影响。通过旅游公共服务体系的构建，并对其进行质量评价，这对促进旅游公共服务体系科学建设具有重要的意义。同时，这也是在践行最新颁布的《旅游法》总则对“完善旅游公共服务”的要求。

旅游公共服务虽为当前学术研究的热点问题之一，在近几年政府部门旅游工作报告中出现的频率也越来越高。但，学界对何谓旅游公共服务至今尚未形成统一概念，同时对旅游公共服务的内涵也缺乏清晰的界定。例如，郭胜（2008）提出旅游公共服务是为满足游客的需求，由政府或者其他社会组织为游客提供的直接和间接、具有外部效果、非排他性服务的总称。它包括若干子系统：旅游城市服务系统、旅游信息服务系统、旅游救助服务系统、消费者权益保护系统、突发事件应急系统、旅游志愿者服务系统等。李爽（2010）认为旅游公共服务是由政府或其他社会组织提供的，以满足旅游者共同需求为核心，不以营利为目的，具有明显公共性的产品和服务的总称，根据受益对象它有广义和狭义之分。旅游公共服务系统一般包含四大子系统：

旅游基础设施类服务、旅游公共信息类服务、旅游行业指导类服务及旅游安全监测类服务。谷艳艳（2011）认为旅游公共服务，是为满足旅游者旅游活动的需要，主要由政府在旅游目的地范围提供的具有公益性、服务性特点的公益项目和配套设施等物质结构的总称。主要内容包括设施与服务两种类型，具体体系内容：旅游信息服务、旅游交通服务、旅游安全服务、旅游管理服务及旅游环境服务。李军鹏（2012）认为旅游公共服务，是以旅游管理部门为主的相关公共部门为满足旅游公共需求，向国内外旅游者提供的基础性、公益性的公共产品与服务。主要包括旅游公共信息服务、旅游公共服务设施、旅游安全保障、旅游公益惠民产品及旅游行政服务。徐菊凤（2014）基于6W原则界定旅游公共服务，认为旅游公共服务是指政府及其公共部门运用公共权力和资源，为了满足旅游者的共同需求，并基于目的地公共利益而向旅游者提供的不以营利为主要目标的服务。政府可以采取多种机制和方式提供旅游公共服务，从而提高服务效率。并构建了旅游公共服务的内容体系，具体包括三大部分：旅游基础设施类、旅游目的地市场推广类及旅游权益维护类。

随着旅游公共服务在发展过程中内容和表现形式的多样化，其概念也将不断地被拓展与延伸，内涵也将不断地被丰富与充实。基于此，结合现有旅游公共服务概念的内涵与外延，通过文献梳理，本书采用徐菊凤学者对旅游公共服务的定义，即旅游公共服务的本质是非营利性和公益性，其服务对象是旅游者，其服务提供的主体是政府；供给机制和方式的多元化并不等同于责任提供主体的多元化；旅游者的共同需求和目的地的公共利益的性质及其客观存在，决定了旅游并非纯粹市场化领域，政府提供旅游公共服务是正当的也是应该的。旅游公共服务的核心内容体现在旅游基础设施、目的地推广、旅游权益保障三大方面。在以散客和自助游为主的高级发展阶段，旅游目的地发展的核心竞争力将不再是景点和进入条件，而是目的地内部的旅游公共服务体系的完善程度。

旅游活动的综合性，决定了旅游公共服务是一项系统工程。旅游公共服务市场需求广泛，其发展受多种条件的制约。为进行旅游公共服务质量评价，需要分析旅游公共服务体系的影响因素，并依据旅游公共服务体系构建原则，提出旅游公共服务体系的合理建设内容。谷艳艳（2011）以上海市为例，在构建旅游公共服务体系的基础上，对其进行实证质量评价分析。她指出，城市旅游公共服务体系的构建受旅游公共服务需求、旅游地经济发展水平、旅游产业结构、旅游公共服务性质等因素的影响。根据城市旅游公共服务的要素构成，结合旅游业发展的实际需要，明确城市旅游公共服务体系的内容包含旅游信息服务、旅游交通服务、旅游安全服务、旅游管理服务、旅游环境服务五个子系统，并对子系统要素进一步分析。❶

在城市旅游公共服务体系构建的基础上，从指标选取、评价方法和指标权重确定等方面对城市旅游公共服务体系

❶ 谷艳艳. 城市旅游公共服务体系构建与质量评价［D］. 上海师范大学，2011.

质量进行评价。在借鉴国内外公共服务评价经验，结合我国城市旅游公共服务发展实际，经过专家咨询，依据城市旅游公共服务体系质量评价指标选取原则，确定评价指标如表4－2所示。城市旅游公共服务体系质量评价指标共分为三个层次：目标层（A）、准则层（B）、指标层（C），其中准则层含有5个指标（B1～B5），指标层含有16个指标（C1－C16）。[1]

表4－2 城市旅游公共服务体系质量评价指标[1]

目标层（A）	准则层（B）	指标层（C）
城市旅游公共服务体系评价指标（A）	旅游信息（B1）	旅游咨询中心平均接待量（C1）
		旅游公共标识系统建设（C2）
		旅游信息网络建设水平（C3）
	旅游交通（B2）	每百万人拥有旅游集散站（C4）
		旅游交通通达度（C5）
		每万人拥有公共交通车辆（C6）
	旅游安全（B3）	城市公众安全感（C7）
		旅游保险覆盖率（C8）
		旅游紧急救援机制（C9）
	旅游管理（B5）	旅游政策法规建设（C10）
		旅游投诉结案率（C11）
		旅游从业人员文化程度（C12）
	旅游环境（B5）	旅游区环境达标率（C13）
		人均公共绿地面积（C14）
		公共景点密度（C15）
		旅游公共卫生条件（C16）

[1] 谷艳艳．城市旅游公共服务体系构建与质量评价［D］．上海师范大学，2011．

评价方法的选择是旅游公共服务体系质量评价的关键部分。对旅游公共服务体系质量进行科学的评价，要根据旅游公共服务的影响因素、具体特点选择适当的评价方法。旅游公共服务体系的质量评价影响因素、评价内容众多，既包含定性描述，又有定量分析，而且有的获取定量指标统计数据较难，因而旅游公共服务体系质量评价方法要坚持定性和定量相结合的原则。当前，针对公共服务评价方法主要有定性与定量分析法、有无对比法、专家评价法等类型。

层次分析法（The Analytic Hierarchy Process，AHP 法），是一种定量分析与定性分析相结合的决策分析方法。其基本思路是根据系统总目标和问题性质，将系统分解为不同因素，并根据因素间的隶属关系按照不同层次进行组合，形成一个由目标层、准则层、指标层等构成的多层次分析结构模型。首先请相关专家对各因素的相对重要性进行两两比较，通过数学运算系统分析，对各因素进行排序。该方法适用于多目标、多准则或无结构特征的复杂问题的决策分析，尤其适用于那些系统目标结构复杂且缺少必要的数据，评价结果难以准确计量，主观判断起重要作用的问题。故可采用层次分析法对旅游公共服务体系进行评价。旅游公共服务体系质量评价权重的确定以专家、业界人士为主进行打分，以此得出人们对旅游公共服务体系质量评价指标重要度的认识。其次[1][2]，利用层次分析法软件进行

---

[1] 谷艳艳. 城市旅游公共服务体系构建与质量评价［D］. 上海师范大学，2011.

[2] 刘军胜. 城市旅游公共服务游客满意度测评研究——以西安市为例［D］. 陕西师范大学，2013.

计算，通过一致性检验最终确定各指标权重。通过计算，得出旅游公共服务体系质量评价指标权重。该方法同样适用于博物馆等文化旅游产品在游前、游中、游后各个阶段对旅游公共服务质量的评价。

4.4 文化旅游产品质量评价方法分析

文化旅游是被国际社会普遍看好的重要旅游形式，也是许多国家和城市用来作为区别于他人的形象和特征的重要营销卖点。旅游和文化具有天然的联系，所以旅游目的地在开发文化旅游产品时必须要做到使旅游产品与特定的文化元素水乳交融。在当前文化旅游产品供需升温的形势下，一个很关键的问题摆在了旅游理论界和企业界的面前，那就是如何评价文化旅游产品的优劣。

4.4.1 文化旅游产品的基本特征

文化旅游产品的基本特性包括六个方面：（1）突出的文化特性。这是文化旅游产品最根本的特征，也是它与其他类别的旅游产品最重要的区别。虽然旅游产品多少都和文化有些关联，但对于文化旅游产品而言，突出的文化性是它的生命线。文化旅游产品的文化性主要表现在：①它的所有外在形式都是围绕着特定的文化而存在的；②能够满足组织和个人对某种文化的审美需要；③包含了多种文化元素。显然，对于文化旅游产品而言，如果没有很好的内涵外化途径和方式，其价值是很难充分传递给游客的。(2) 注重身心体验。文化旅游产品以其浓厚的文化气息满足人们对特定文化的心理需要，能够为人们提供独特的文化体验，可以是怀旧也可以是寻找慰藉。这一点是文化旅游产品与自然旅游产品的一个重要区别。例如，多数宗教文化景点都很重视给游客独特的宗教体验，塑造心灵归宿的氛围；北京的胡同文化旅游也是重在为游客提供一种老北京的生活风貌的真实体验。诸如此类的文化景点或景区，其根本都是为游客提供一种文化体验。(3) 信息性。文化旅游产品的消费目的是获得文化信息。在旅游者出游前，从不同渠道获得的各种信息会直接诱导或压抑决策；在旅游者购买过程中，由旅游资源和旅游设施所营造的意境本身就是一个向外不停辐射的信息源，旅游者与意境之间是信息的互动；在产品消费后，旅游者又会把自己接收到的信息传播给别人。因此，信息性是文化旅游产品的本质特征之一。(4) 唯一性。文化旅游产品往往是独一无二的，离开了某个地域就不再具有能为人们所接受的文化特性。例如，故宫在世界上独一无二，你可以在其他地方再建造一个比故宫豪华的宫殿，但却无法复制故宫所独有的历史底蕴；你可以在中国也建造一个自由女神像或者建造一个宙斯神殿，但你同样无法复制它们所蕴含的文化基因。诸如众多的微缩文化景观主题公园，经营为何如此惨淡？究其原因在于脱离了特定的文化背景，显得不伦不类而不被人们接受。(5) 更强的互动性。文化旅游产品的本质就在于给游客提供独特的文化体验，体验的过程同样也是一个互动的过程。这里讲的互动可以是精神上的共鸣，也可以是形式上的参与。例如，宗教景区或革命圣地等都可以使游客产生一种精神上的共鸣，使其产生文化亲切感。另一方面，很多文化景区或景点也都会推出很多让游客参与的项目以增强其文化体验的效果，无锡灵山景区就为游客提供了“转经筒”“烧香拜佛”、放生、“抱佛脚”等可以让游客参与的活动，从而加深游客的佛教文化体验。其互动性也是所有成功文化旅游吸引物的特征。(6) 多重价值性。文化旅游产品之所以会被游客广泛接受在于其存在的多重价值意义，或者说文化旅游产品开发的意义已经超出了其本来的旅游观光的范畴。例如，校园文化景点除了满足人们旅游观光和文化体验的需要以外，还兼有为人们提供精神家园的意义；革命圣地除了满足人们对“红色旅游”的向往以外，还肩负着进行爱国主义教育的重任；一些具有城市名片意义的文化旅游景点或景观，不但可以满足人们游览的需要，而且还可以美化城市环境、提升城市形象等。总之，同单纯的旅游观光产品相比，文化旅游产品具有多重价值。

4.4.2 基于“四层次模型”的文化旅游产品质量评价

文化旅游产品具有很明显的层次性，其层次分布与文化的层次性有着密切联系。很显然，如果我们要评价一个文化旅游产品的好坏，就必须分别考察它的每一个层次，根据其在每个层次上的优劣表现来判定整体产品的优劣。但是，仅仅有几个层次的粗略划分显然不足以准确地评价一个文化旅游产品的好坏。因此，必须通过进一步的研究获得关于每个层次的更具体的评价指标。

文化功能学派将文化分解为物质层、精神层（心理层和行为层）和制度层三个层面。文化旅游产品也可以做类似分层的结论。结合文化的分层理论，可将文化旅游产品划分为文化载体（主要是物质层面）、文化内容（主要是精神的表现形式）、文化精神（精神层面的内核）以及文化价值（作为文化产品的有用性）四个层次。对文化旅游产品这四个层次的划分是构建文化旅游产品评价体系的起点。文化旅游产品的这四个层次不是孤立存在的，它们之间是相辅相成、互相依存的关系。优秀的文化旅游产品需要有“美”的载体和易于被人接受的主题内容，同时还必须要有文化内涵，否则就只是一个物质空壳而已。[1] 最后，文化旅游产品还必须具有一定的文化价值，否则就无法存在下去。

文化旅游产品的四个层次，它们可以作为评价具体文化旅游产品的一级指标或称关键指标。经过实地调研和对几个专家的访谈，文化旅游产品的文化载体美一般体现在三个方面，即新颖性、观赏性和参与性。文化旅游产品优秀程度在文化内容层次上的体现主要依赖于三个方面，即真实性、积极意义和受众的广泛性。文化旅游产品优秀程度在文化精神层面主要体现在精神的“正气、正义”、积极

---

[1] 程超功．文化旅游产品评价体系探究［J］．江南大学，2009．

和先进三个方面。文化旅游产品的文化价值主要体现在其文化传承意义、文化教化意义和资源价值三个方面。这些具体方面构成文化旅游产品质量评价的二级指标。由于对文化旅游产品的四个关键评价指标进行了细化分解，我们就可以在更加具体的领域考察一个文化旅游产品的优劣。有了这些指标的分解，我们就可以构建出一个文化旅游产品的评价指标体系（见表4－3）。

表4－3 文化旅游产品评价指标体系分解

<table>
<tr><td rowspan="19">文化旅游产品质量优劣评价</td><td>一级指标</td><td>二级指标</td><td>三级指标</td></tr>
<tr><td rowspan="6">文化载体</td><td rowspan="2">新颖性</td><td>奇特、震撼</td></tr>
<tr><td>表现形式的多样性</td></tr>
<tr><td rowspan="2">观赏性</td><td>感官效果（视听觉、触觉、运动觉等）</td></tr>
<tr><td>与周围环境的和谐度</td></tr>
<tr><td rowspan="2">参与性</td><td>人群覆盖面（数量和结构）</td></tr>
<tr><td>参与项目的多样化（数量和结构）</td></tr>
<tr><td rowspan="6">文化内容</td><td rowspan="2">真实性</td><td>有可靠典籍记载或有文化渊源</td></tr>
<tr><td>广为人知</td></tr>
<tr><td rowspan="2">积极</td><td>内容健康向上</td></tr>
<tr><td>符合各个群体的需求</td></tr>
<tr><td rowspan="2">受众广泛</td><td>知名度和美誉度高</td></tr>
<tr><td>符合目标群体的需求</td></tr>
<tr><td rowspan="5">文化精神</td><td>正气、正义</td><td></td></tr>
<tr><td rowspan="2">积极</td><td>振奋人心</td></tr>
<tr><td>陶冶情操</td></tr>
<tr><td rowspan="2">先进</td><td>符合时代要求</td></tr>
<tr><td>符合民众的文化心理需要</td></tr>
</table>

续表

	一级指标	二级指标	三级指标
文化旅游产品质量优劣评价	文化价值	传承意义	文化延续
			发扬和创新
		教化意义	劝人向善
			价值观塑造
		资源价值	文化资源的累积
			市场前景

资料来源：程超功. 文化旅游产品评价体系探究［J］. 江南大学，2009.

根据建立起的文化旅游产品的评价指标体系，就可以运用一些数量模型做出一个文化旅游产品优秀程度的评价模型。具体操作方法：首先通过调研获得某个文化旅游产品在各个三级指标上的得分情况，最后运用层次分析法（AHP）逐层算出该文化旅游产品各个指标及其因子的权重，再根据指标权重和评价得分计算出评价对象的优秀程度值。有了这个得分，就可以对不同的文化旅游产品进行定量比较，孰优孰劣非常精确。其中各个三级评价指标的量值在具体操作过程中可以根据评价对象和实施方法的不同做一些必要的调整。需要特别指出的是，对于不同类型的文化旅游产品而言，上述评价因子的权重会有所不同，即它们赖以成功的因素是不同的。比如，对于电影节或者狂欢节这样的文化旅游产品来说，能够制造快乐和感动体验的因子就相对重要一些，而对于博物馆等文化遗产类旅游产品而言，文化的传承与教育意义以及宝贵的资源价值就显得非常重要。因此，对于不同类型的文化旅游产品，在对其进行评价时，都必须具体地去考察各个评价因子的相对重要程度。

4.4.3 基于因子分析的文化旅游产品质量评价概述——以博物馆旅游产品为例

文化旅游产品作为人类文明的产物，构成了人类物质文化的部分基础，因此不能将文化旅游产品的开发仅视为一种技术、经济过程，而应该同时将其看作是一种人类文化的承袭、积累乃至创新的行为。近年来，文化旅游产品的开发出现了多种多样的局面，特别是博物馆旅游产品的成功开发，成为提升城市文化旅游吸引力的重要载体。从世界范围来看，以发达国家为代表，已经形成了众多高品质的博物馆旅游品牌，我国博物馆旅游正处于一个重要的转型期。目前突出的问题是如何成功开发和嫁接博物馆的旅游价值来发展城市文化旅游，从而实现博物馆在文化旅游产业发展体系中的作用。

博物馆旅游源于20世纪的西方国家，自20世纪70年代开始，世界博物馆的发展出现了与旅游业密切结合的局面。为了更好地开发博物馆旅游产品，不少国外学者进行博物馆旅游者体验满意度研究。Falk（1992）针对博物馆和旅游者的不同类型，专门对旅游者体验进行了研究，着重探讨了游客参观博物馆的出发点、目的等问题，提出博物馆体验是在物理环境、个人背景和社会环境三者相互影响相互作用下产生的，即三者共同形成“互动—体验模型”。Rimmington（2000）认为游客的感受、满意度决定了他们再次游览的几率。Nowacki（2005）以波兰博物馆为例，对其旅游需求进行调查，运用“SERVQUAL”评价法，创建了博物馆游客满意度评价体系，其中包括展览、解说、纪念品、整体环境等36项指标，认为博物馆的整体环境、馆内展品和服务水平严重影响游客的满意度。近年来我国对博物馆旅游者的行为特征和体验感受方面进行了调查研究。刘俊（2005）采取现场访谈和问卷调查的方法对广州南越王墓博物馆游客从游览方式、游览目的、满意度及重游意愿等方面进行了研究。祝晔（2006）基于游客体验的角度，运用ASEB栅格分析了游客的体验感知，认为游客需求与实际产品存在较大的差距，以此提出基于游客体验的博物馆旅游开发对策。余佳（2010）采用因子分析法对徐州博物馆的游客满意度测评进行了模型设计和实证研究。

因子分析法是研究相关矩阵内部依存关系的一种统计分析方法。一般以专家打分或游客打分为数据来源。因子分析法的作用是浓缩信息、降维指标、简化指标的结构，使分析问题更简单、直观、有效。其中采用主成分萃取的方法提取公因子并经过方差最大化旋转，在因子萃取中依据特征值大于1的原则，萃取出公因子。这种方法可以将一组相关变量通过线形变换成另一组互不相关的变量，即主成分。这些主成分按照方差依次递减的顺序排列。通常选取前几个主成分作为因子，每个因子对应的方差贡献反映了因子包含原始数据信息量的多少。基于主成分分析法的思想，通过每个公共因子包含的高载荷评价指标的意义，给因子命名，以解释公共因子所包含的信息，找出影响文化旅游产品质量的几个综合指标，即主因子，从而构建文化旅游产品质量的多层次综合评价体系。最后在检定文化旅游产品的评价因子与文化旅游产品质量（整体满意度）之间的关系时，使用多重回归分析的方法。

以博物馆旅游产品为例，运用因子分析法进行文化旅游产品质量评价，一般应包括以下五个环节。

第一，根据提升游客满意度的研究目的，建立相应的研究假设：①游客满意度受游客进入博物馆前对博物馆游览和服务的预期和游览后的实际感知之间差距的影响。H1：游客满意度是游客对博物馆的期望与博物馆服务实际感知的差距的评价结果。②游客满意度评价的分值反映了游客对期望与实际感知的比较结果。H2：游客赋予博物馆各项评价指标的分值反映了游客的满意度评价结果。③游客满意度是游客对博物馆游览及服务的一种评估。H3：游客对博物馆游览及服务价值的感知对其满意度有正向的影响。

第二，游客满意度指标体系可由 3 个层次的指标项目构成：第一层次为综合评价层，即游客总体满意度指标；第二层次是评价因子层，包括旅游吸引、硬件设施环境、综合服务管理、形象及可达性 4 个指标；第三层次为评价指标层，是针对博物馆的特点，由评价因子层指标进行细分后的可以直接测量的第三级满意度指标。如表 4 -4 所示。

第三，问卷设计：问卷内容主要包括基本资料调查部分和态度量表部分。基本资料调查部分由受测者根据自身实际情况选择，内容包括人口学信息和旅游相关信息；态度量表部分采用李克特 5 点尺度衡量。

表 4－4　原始指标体系

综合评价层	评价因子层	评价指标层
整体满意度	旅游吸引	藏品的丰富性
	形象及可达性	建筑物外观及内部设计
		旅游标识设置
		获取展览及博物馆相关信息的便捷程度
		交通便捷性
		知名度和美誉度
	综合服务管理	藏品的陈列方式
		定期或不定期的特展
		真实感、历史感
		知识性、教育性
		解说服务
		员工形象及态度
		针对儿童及残疾人的服务
		各类纸质资料及宣传册的提供
		旅游纪念品价格
		旅游纪念品特色
	硬件设施环境	解说牌内容设置
		公共卫生设施
		公共休息设施
		停车位

第四，样本信度效度分析：信度分析是考察问卷测量的可靠性，是研究测量结果的一致性的程度。因子分析法中采用克朗巴哈 Cronbach 的一致性系数（a 系数）来分析信度，一般认为总体克朗巴哈系数在 0.7 以上的为高信度。效度分析是为了检验问卷设计的合理性，同时检验问卷中各测评指标的分类的合理程度。本研究根据测评指标的共

同度检验每一项指标对游客评价结果的影响程度，从而判断问卷效度。共同度越大，表示该指标对公共因子的共同依赖程度越大，用这些综合因子来解释该指标就越有力。一般来说，当共同度大于 0.4 时，公因子就能很好地解释测评指标，共同度较小的可以删除。

第五，因子分析：①对问卷调查的数据进行 KMO 测度和巴特利特球体检验，看数据是否适宜做因子分析。KMO 统计量大于0.7，说明变量间的重叠程度特别高，适宜做因子分析；巴特利特球体检验的显著性概率统计值小于1%，这说明数据具有相关性，是适合做因子分析的。②因子分析采用的是主成分分析法来提取公共因子，根据特征值大于 1 的原则确定因子的数目。然后，通过方差最大法（Varimax）的正交旋转方法获得各因子的载荷值。在确定公共因子的时候，选择方差的累计贡献率在 70% 以上的因子作为公共因子。③根据各主因子与变量指标之间的数量关系，可用以下公式计算各个主因子的得分：$F_i = b_{i1}X_1 + b_{i2}X_2 + \cdots + b_{ij}X_j$，其中 F_i 为第 i 个主因子的得分；b_{i1}，b_{i2}，…，b_{ij}表示j 个指标在第 i 个主因子上的载荷；$X_1 \sim X_j$ 分别为 j 个评价指标。④以各主因子的方差贡献率占总方差贡献率的比重作为权重进行加权平均，得出博物馆游客满意度的综合评价模型为：$F = a_1F_1 + a_2F_2 + a_3F_3 + \cdots + a_jF_j$，其中 F 表示博物馆游客满意度的综合得分；a_1，a_2，a_3，…，a_j 为j 个主因子的权重；$F_1 \sim F_j$ 表示由计算得到的j 个主因子得分。此模型表示，F 值越高，博物馆游客的满意度越高，博物馆文化旅游产品的质量就越高。

参考文献

[1] 马俊. 旅游产品质量分析评价方法初探 [J]. 商场现代化，2006 (1)：267.

[2] 依绍华. 旅游产品质量管理探析 [J]. 商业时代 . 学术评论，2006 (20)：82 - 83.

[3] 慕晓峰，赵洁. 基于供应链思想的旅游产品质量管理 [J]. 内蒙古科技与经济，2010 (12)：26 - 27.

[4] 李星群，文军. 四种主要服务质量测评方法在旅游企业的运用 [J]. 经济论坛，2006 (1)：91 - 94.

[5] 戴光全，吴必虎. TPC 及 DLC 理论在旅游产品再开发中的应用 [J]. 地理科学，2002，22 (1)：123 - 128.

[6] 黄郁成. 试论旅游产品的质量标准 [J]. 社会科学家，1998 (5)：52 - 54.

[7] 2003 年国家标准《旅游资源分类、调查、评价》.

[8]《旅游景区质量等级的划分与评定》国家标准（GB/T 17775—2003）.

[9] 张懿玮. 国外旅游服务质量评价：视角、内容、维度和方法 [J]. 旅游论坛，2012，5 (6)：104 - 122.

[10] 依绍华，冯永晟. 旅游服务质量评价研究——基于北京旅游服务质量评价的实证研究 [J]. 产业经济，2013 (6)：78 - 83.

[11] 温碧燕. 旅游服务顾客满意度模型实证研究 [J]. 旅游科学，2006，20 (3)：29 - 35.

[12] 马耀峰，张佑印，梁雪松. 旅游服务感知评价模型的实证研究 [J]. 人文地理，2006 (1)：25 - 28.

[13] 张淑君. 基于差距模型的旅游服务质量分析 [J]. 机电产品开发与创新，2008，21 (6)：56 - 58.

［14］徐菊凤. 北京文化旅游产品发展的战略思考［J］. 中国社会科学院研究生院学报，2005（5）：31－35.

［15］徐菊凤，潘悦然. 旅游公共服务的理论认知与实践判断［J］. 旅游学刊，2014，29（1）：27－38.

［16］郑海燕，徐红罡，戴光全. 构建旅游目的地的文化旅游产品结构体系——以苏州为例［J］. 人文地理，2003，18（2）：55－59.

［17］陶犁. 民众文化旅游产品开发探析［J］. 思想战线，2002，28（4）：45－48.

［18］Falk J H，Dierking L D. The Museum Experience［M］. WashingtonDC：Whalesback Books，1992：1－7.

［19］M Kozak，M Rimmington. Tourist satisfaction with Mallorca，Spain，as an off－season holiday festination［J］. Journal of Travel Research，2000，38（3）：260－269.

［20］Marek M Nowacki. Evaluating a museum as a tourist product：using the servqual method［J］. Museum Management and Curatorship，2005，20（3）：235－250.

［21］刘俊. 博物馆游客行为研究——以广州南越王墓博物馆为例［J］. 桂林旅游高等专科学校学报，2005，16（2）：40－44.

［22］祝晔. 基于游客的民俗博物馆旅游开发策略探讨［J］. 商场现代化，2006（30）：156－158.

［23］余佳. 地市级综合类历史博物馆游客满意度测评［J］. 科协论坛，2006（9）：178－181.

［24］克里斯，瑞安，旅游科学研究方法——基于游客满意度的研究［M］. 北京：旅游教育出版社，2012.

第五章　博物馆文化旅游产品质量评价体系构建

5.1　评价目标

越来越多的研究认为，旅游现象不仅仅是一个经济现象，随着人们生活的需求，旅游更被视为一种文化现象。而现代社会的文化旅游产品同质化现象越来越严重，大部分地区的风俗民情都摆脱不了“文化搭台，经济唱戏”的禁锢，很多文化有失其原真性，这为游客的文化体验效果大打折扣。而博物馆文化旅游产品是一种特殊的文化旅游产品，博物馆汇聚优秀文化成果，集收藏、展示、教育、科研等功能于一身，通过提升博物馆旅游产品的文化内涵、服务等充分发挥博物馆的宣传、教育、传播功能，吸引更多游客，使博物馆的各种功能充分发挥，博物馆旅游变为一种名副其实的愉快的教与学的新的方式和途径。因此，对博物馆文化旅游产品质量评价具有重要意义。

5.1.1 游客满意度

国家文物局于 2008 年 2 月启动了全国首批国家一级博物馆评估定级工作，研究决定故宫博物院等 83 家为首批国家一级博物馆。一级博物馆应是具有卓越的影响力（藏品、科研、展示、服务以及管理运行），能够代表中华文明形象的最优秀博物馆，国家与地方都予以高度关注和大力支持。但国家一级博物馆毕竟是极少数，对于众多的二、三级以及未评定级别的博物馆尤其是地市级综合类历史博物馆来说，因藏品的质量、等级和数量略显不足，软硬件管理存在缺陷，而在民众心中又有着呆板、无聊和一成不变的刻板印象，游客数量较少，游客满意度难以提升，因此，本书博物馆文化旅游产品质量的评价通过综合运用定性和定量的方法，客观地找到博物馆这一特殊的文化旅游产品的缺陷和不足，为其今后吸引更多游客，提高游客满意度指明方向。

另外，新博物馆学强调要把传统博物馆以“物”（藏品）为导向转变为以“人”（观众）为导向，即由物品的搜集转向对当代人群社会问题的重视，博物馆不能沦为一座“物”的冷藏库，应是一座属于人、为人服务的学术之宫[1]。日本著名博物馆学家鹤田总一郎说过，博物馆应该像爱护珍贵文物一样爱护和对待观众。观众既是博物馆的服

---

[1] 王晓曦. 博物馆靠什么提升观众的满意度［J］. 博物馆研究，2006（3）：18－23.

务对象，也是博物馆赖以生存的基础。由此，我们应认识到现代博物馆已不再单纯是文物标本的收藏、保管和研究机构，而应是一个具有广泛意义的为公众和社会服务的文化教育机构、休闲场所和信息服务中心。以人为本应该成为博物馆人文精神的本质和特征。博物馆不仅具有良好的美誉度，还要拥有游客的忠诚度，游客的满意度已经成为现代博物馆展览水平的重要标志，令观众不满意的展览就会失去对观众的启发和教育作用，也就失去了举办展览的初衷。

因此，提高游客满意度成为现代旅游市场需求的重要途径，故提高游客满意度理应成为博物馆文化旅游产品的重要目标。

5.1.2 对文化旅游产品发展的带动作用

2011 年中国共产党第十七届中央委员会第六次全体会议通过了深化文化体制改革推动社会主义文化大发展大繁荣若干问题的重大决定，会议明确指出深化文化体制改革、推动社会主义文化大发展大繁荣，进一步兴起社会主义文化建设新高潮，对夺取全面建设小康社会新胜利、开创中国特色社会主义事业新局面、实现中华民族伟大复兴具有重大而深远的意义。博物馆旅游是城市旅游发展的重要组成部分，从全球范围来看，以欧美国家为代表，已经形成众多闻名于世的博物馆旅游品牌。我国的博物馆旅游发展正处于一个重要的转型时期，目前的突出问题是如何激活博物馆的旅游价值，并形成旅游产品的核心吸引力，从而实现博物馆在旅游产业发展体系中的重要作用。[1] 博物馆文化旅游产品质量评价体系的确定可以直观地对不同的博物馆旅游资源和产品进行对比评价，对未来的旅游发展具有重要的指导意义。很多学者也都强调，让博物馆旅游摆脱传统的静态旅游从而“动起来”，那么我国的博物馆这一特殊的文化旅游产品就可以“活过来”。从而可以为整个文化市场的发展和文化旅游的繁荣起到一定的带动作用。

除此之外，博物馆文化旅游产品质量评价体系对城市形象推广和旅游促销提供思路，进而带动整个旅游资源区域，甚至整个旅游目的地城市的经济发展。随着城市化进程的加快和国家文化大繁荣大发展政策的驱动，博物馆作为重要的城市基础设施建设和城市形象工程受到各级政府的重视。博物馆作为高品质的文化中心，能够在文化建设的浪潮中发挥重要作用，这不仅会取悦当地的社区居民和旅游者，而且能吸引更多的专业人士和投资者，为当地的经济发展和繁荣注入新的活力。如渥太华加拿大国家美术馆的一次展览曾为当地住宿业带来 480 万美元的收入。现在欧美博物馆界的权威人士做出了前瞻性的预测：300 年前教堂是社区活动的中心，在不久的将来，城市博物馆将是社区的中心。[2] 由此不难看出，博物馆对经济的带动作用不

---

[1] 王玲. 基于公共文化空间视角的上海市博物馆旅游发展研究［D］. 上海：复旦大学，2010.

[2] 董方慧. 城市博物馆旅游开发模式研究——以无锡市为例［D］. 北京：北京交通大学，2012.

可小觑，因此，对经济的带动作用也是本研究的一个重要评价目标。

5.2 评价原则

文化旅游资源由于其自身的特殊性决定了其评价也是一项极其特殊的工作。由于博物馆文化旅游产品功能的特殊性，决定了其经营管理机构层级的复杂性。北京作为我国的首都，有着悠久的历史和深厚的文化底蕴，是我国重要的经济、政治、文化、科技、教育中心。文化资源丰富，不论是作为都城的皇城文化，还是老北京的京味文化，亦或是全国各族人民的融合文化，都是首都北京文化形象的代表。丰富的文化资源为形形色色的博物馆的兴起创造了条件，北京的博物馆数量居世界第二位，仅次于伦敦，据不完全统计，北京市现有博物馆数量 154 家，综合馆主要是一些优级资源，还有各种大小不一的专题馆。北京博物馆资源数目繁多，种类不一，规模参差不齐，有民办和国有之分，经营管理机构错综复杂，因此要对博物馆文化旅游产品做出客观、公正的评价，在进行实际操作时必须遵循一定的原则。主要包括 6 个原则：①客观性原则。对博物馆文化旅游产品的评价要遵循客观性原则，客观地确定博物馆文化旅游产品的价值和质量，不能因为是优级资源就夸大其价值，也不能因为其是二、三级资源就缩小其价值，要做到尊重客观实际，与国家所使用的质量标准一致，做到公平、公正。②普遍性原则。该评价过程中要兼顾到不同类型的博物馆，如科技馆、专项馆、历史遗迹馆、地质遗迹馆等不同类型的博物馆要都具有适用性，在评价过程中，要充分考虑不同类型博物馆的影响因子，在关注其自身价值的同时，还要充分考虑其区位条件、开发条件、市场条件等一系列相关内容，尽可能做到全面、系统、普适。③定性与定量相结合的原则。无论是定性还是定量的方法来评价旅游资源都存在一定的缺陷，应综合利用这两种方法，使评价结果更科学、准确，具有实际意义。④系统性与主体性相结合的原则。博物馆文化旅游产业是由文化产业和旅游产业融合发展而成的复杂系统，必须按照系统论的观点，将涵盖的相关要素考虑进去，但具体到指标体系时，则不可能面面俱到。因此，构建指标体系之后的评价要在力求全面的基础上突出重点性和代表性，选择对博物馆文化旅游竞争力有重要影响的主体要素着重进行评价。⑤动态性原则。基于文化旅游产品是一个动态发展、不断提高的产品类型，尤其是在国家的宏观政策的指引下，文化创意等产业形态的强有力带动下，博物馆文化旅游产品在开发和建设时既要有反映文化旅游产品现有竞争状况的要素，又要有反映未来竞争潜力的要素指标，使博物馆文化旅游产品的质量评价具有动态性，能够有前瞻性地预测未来博物馆文化旅游的一些问题和对策。⑥旅游市场导向原则。市场经济的冲击，使我国各行各业的发展利字当头，造成了生态环境的破坏和恶化等严重后果，为人们的生产、生活和身体健康都带来了不同程度的危害。博物馆作为一种文化传播的途径和平台，代表着一个地区和城市的文化符号和形象，要充分遵循旅游市场导向原则，旅游市场的发展和拓展不能仅仅只关注到经济效益，更要充分考虑人们日益增长的文化需求，不断丰富人们的科技文化知识，提高全民族的知识水平和道德素质应是以后旅游市场的发展趋势。

5.3 评价指标

通过梳理有关旅游资源、旅游产品、文化产品、遗产旅游等类型的产品评价的指标体系，笔者发现各学者针对博物馆文化旅游产品的指标体系的构建还不多，以往的专家学者以博物馆的功能发挥、游客满意度提升等为出发点，定性评价的研究较为丰富。根据我国博物馆的评定分级制度，博物馆评分标准分为综合管理与基础设施（200 分）、藏品管理与科学研究（300 分）、陈列展览与社会服务（500 分）3 个大项。综合得分达到 800 分的为一级博物馆，二、三级博物馆的标准分别为 600 分和 400 分。综合我国博物馆的评定分级制度，本书将从资源和服务两个方面为出发点和落脚点，构建出适合不同类型的博物馆文化旅游产品质量评价的指标体系。

5.3.1 基于文化旅游资源角度的评价

由于文化旅游资源具有特殊性，文化旅游资源的评价和度量具有双重的标准，首先文化旅游资源作为旅游资源的一种类型，资源本身的价值度量不容忽视，其评价要考虑一般旅游资源评价的各种指标，如资源要素价值、资源影响力；其次由于文化旅游资源特殊的历史性和应用性，必须考虑资源的保护和开发效益问题，因此在评价过程中还要注重考虑资源承载力问题。有关资源或产品的质量评定，一般会包含其馆藏、价值、功能、材质、做工等方面，作为一种文化旅游产品的博物馆旅游资源，其质量主要表现为馆藏情况、旅游价值、运营管理、科学研究、影响力、承载力等方面。

其中馆藏情况包括藏品数量、藏品质量、珍贵文物数量、展品的真实性、文物保护状况等小指标。馆藏情况是一个博物馆质量评定的硬性指标，如中国国家博物馆、首都博物馆等一级博物馆，馆藏数量众多，藏品质量堪称优秀，馆藏珍品数不胜数，绝大多数都是古代帝王将相用过的原件。除此之外，这些地方还有镇馆之宝，如国家博物馆的镇馆之宝就是出土于湖南省宁乡县的四羊铜尊。重要的是这些一级博物馆展品的真实性。这些展品绝大部分是相关领域的专家通过不懈努力和研究挖掘、发现的真实的藏品，因此，博物馆的馆藏情况是评价博物馆质量的一个重要标准和依据，如表5－1所示。

表 5-1 馆藏情况评价指标

一级指标	二级指标	指标含义
馆藏情况	藏品数量	藏品数量很大，或种类很多
	藏品质量	能够反映博物馆的主体或者具有很高的价值
	珍贵文物数量	具有能反映一个历史、事件、人物的文物
	展品的真实性	游客能否获得真实性感知和真实性体验
	文物保护状况	有规模较大、设备较多的藏品保护修复场所，并能有效运转；有文物藏品修复资质和具备文物藏品修复资质的人员；藏品修复、保养程序科学、规范，效果好
	资源集聚度整合情况	众多藏品的集聚和整合安放布局是否合理

博物馆的旅游价值是评价博物馆资源的另一个重要内容。博物馆分级评定中明确说明博物馆应有很高的历史、文化、科学、艺术价值，另外，市场区位价值是每一个旅游资源的一个重要价值评定标准，因此，博物馆的价值评定也应包括市场区位价值。综合博物馆文化旅游产品评价的已有文献，一级指标还涉及市场区位价值、历史文化价值、科学技术价值、旅游审美价值。博物馆文化旅游产品的旅游价值评估是旅游资源价值确定和开发的重要内容，是博物馆硬件资源中最具吸引力的部分，因此，博物馆在进行博物馆旅游活动过程中要充分挖掘博物馆的市场区位价值、历史文化价值、科学技术价值、旅游审美价值。其价值是博物馆开展旅游活动的重要支撑点，如果博物馆不能给游客传递相关的信息、增长知识，博物馆的存在就没有意义。因此无论是综合馆还是专题馆都应有自己具体的

定位和特色，能够充分彰显博物馆展品的独特性，为游客提供信息、增长知识、开阔视野，充分发挥其传播、保存、保管、教育等功能。主要评价的指标体系及内涵如表5－2所示。

表5－2 博物馆文化旅游产品评价指标体系及内涵

目标层	一级指标	二级指标	指标含义
首都博物馆文化旅游产品质量评价	市场区位价值	市场区位	博物馆与主要目标群体的空间关系，包括博物馆的地理位置优势、客源市场的空间分布及其空间联系
		市场特征	包括博物馆游客总量、消费水平、适游季节、出游频率等
		交通便捷性	博物馆与主要目标群体的交通联系方式及其便捷性
		旅游互补性	博物馆与其他类型旅游资源在类型组合、地域组合、级别配置等方面体现出的互补性和整体性
	历史文化价值	人物与事件	博物馆与重要历史人物或事件的相关程度
		时空代表性	博物馆是否标志某历史时段或区域范围内的一定特征，是否具有开端性或开创性意义
		城市象征性	博物馆与北京市的城市形象的关联度
		文化认同感	博物馆所具有的民族认同度和地域认同度
		历史生活关联度	博物馆在经济发展、居民就业、文化水平提高等方面的作用

续表

目标层	一级指标	二级指标	指标含义
首都博物馆文化旅游产品质量评价	科学技术价值	工艺独特性	建设工程中建筑材料、建筑结构、建筑风格、施工工艺的独创性
		技术先进性	博物馆在规划布局、建筑、设施设备等方面所表现出的科技合理性以及当代科学发展的运用程度
		科技影响	博物馆反映的科技进步对现代社会有无影响
	旅游审美价值	资源特色	博物馆旅游资源的独特性
		资源完整性	博物馆资源的保存现状、展品的完整性及工艺、档案、精神文化、百姓口碑等非物质遗产的保留现状
		构筑物审美	主要构筑物的风格、设计品质及其艺术表现力
		周边环境	博物馆周边的整洁性及绿化、社会秩序、环境污染等情况

5.3.2 基于运营管理角度的评价

张广瑞（1998）通过对北京市博物馆业现状的探讨，分析得出北京市博物馆业在产品结构、运作资金、管理手段、经营观念等方面存在的问题，并就如何促进博物馆旅游的发展进行了深入思考。进入 21 世纪以来，有学者开始强调博物馆应迎合市场需求，探索市场开发的对策及策略，不同学者从各自的角度对博物馆经营管理问题进行了分析。2002 年，史萍对上海文博旅游资源开发进行了探讨，提出要通过观念突破、操作手段突破、布展方式突破、融资手段突破以及开发模式突破等方式，按照市场原则来重新整合博物馆的实物资源、人力资源、资本资源和技术资源，为上海博物馆注入新的活力。孔旭红、孙宏实（2003）就我国博物馆旅游产品存在的问题进行了探讨，同样指出应完善博物馆旅游产品结构，实现博物馆产品的创新；李瑛（2004）也对我国博物馆旅游产品的开发进行了研究，提出要重视客源市场的消费需求，通过均衡布设博物馆的种类，改进展览形式，增加服务项目等一系列措施来提高博物馆的综合效益。杨卫（2004）建议把博物馆门票分为散票、年票和通票三类，并对门票价格的设置与管理提出建议。吴相利（2010）认为市场开发的成功是博物馆实现可持续发展与践行博物馆社会功能使命的关键，通过对美国老史德桥村博物馆在会员市场开发上的经验做法的借鉴，得出会员制是实现会员与博物馆双赢的重要举措的结论。吴相利（2011）基于美国老史德桥村博物馆青少年市场开发的实践，提出了博物馆市场细分及深度开发的建议，认为博物馆丰富主题活动、精心项目设计、提供差异服务、灵活市场营销、周到细致服务等有利于我国博物馆旅游的开发。

综合学者对博物馆经营管理的研究成果，本研究总结出运营管理的八个一级指标：法人治理机构、博物馆章程与发展规划、建筑与环境、人力资源、财务管理、安全保障、办公信息化和门票制度，其指标含义如表5－3所示。

表5-3 博物馆运营管理指标体系

一级指标	二级指标	指标含义
法人治理机构	理事会、监事会或其他形式的决策	根据国有和民办的区别，博物馆是否有专门的理事会、监事会或其他形式的决策机构
	监督机构	博物馆是否有专门的监督管理部门或机构
	工作章程	博物馆经营管理过程中有无明确严格的工作章程和制度
博物馆章程与发展规划	博物馆章程	有明确的博物馆章程，有符合本馆性质和功能定位的事业发展规划，经过专家论证，并报经上级主管部门批准
	工作计划	有切实可行的年度工作计划
建筑与环境	建筑规划布局	建筑功能区块布局合理，自成系统
	环境状况	环境整洁、美观、舒适，绿化率高；室内空气质量好
人力资源	人才结构、梯次合理	人才结构、梯次合理，年龄、性别比例适中，具有专业资质的人员占总在编人数的百分比
	管理人员的学历	高、中级管理人员是否都有大学本科以上学历
	考核、培训制度	有科学、规范的员工考核、培训等管理制度，专业人员培训经费落实到位，培训工作有效开展
	上岗人员的合格率	上岗人员的培训合格率是否达标，尤其是讲解人员的培训是否考核合格
财务管理	财务管理制度	有完善的财务管理制度并能有效实施，有充足的事业经费来源和保证
	社会资金支持来源	有多渠道、来源稳定的社会资助

续表

一级指标	二级指标	指标含义
安全保障	安全防范系统	一、二、三级风险单位按要求落实相应的安全防范系统，一、二、三级风险部位按要求落实相应的安全防范措施
	保卫工作	有专门的保卫工作机构，保卫工作规章制度健全，措施得当，有处置一般突发事件的应急预案，保卫人员受过专业培训，工作程序规范，档案齐全，有交接班制度和记录，有安全演练
	消防工作	消防责任明确，管理制度完善，有针对特定火灾的消防应急预案，消防设施、设备配备合理，有安全、有效的防雷装置，并定期进行检查、维修、更新、补充，消防设备操作规程规范，保卫人员能够准确操作消防设备
	公共安全制度	公共安全制度健全，应急预案科学、规范，安全出口、疏散通道通畅，标志醒目，应急照明设备完好
办公信息化	有专门数据库	有行政、业务工作数据库
	有独立的门户网站	有独立的门户网站以提供信息、方便消费者搜集信息
门票制度	门票费用	博物馆是否有门票费用，是否有会员制度，散票、联票、通票制度等
	门票预约	博物馆的门票是否需要预约

博物馆同时也是科研单位，许多博物馆，如中国地质博物馆，要具有承担课题的科研能力和水平，能适时引进专业科技力量开展相关科学技术工作，并将有关成果运用到实际应用之中。因此，博物馆的人员要有一定的科研水

平，具备从学术活动、论文、著作的发表情况和承担课题能力进行评估的能力。

5.3.3 基于服务角度的评价

作为文化传播的载体，博物馆具有开放性的特点，为公众与社会服务已成为当今博物馆的基本任务。实际上博物馆与观众就是一种生产者与文化消费的关系，博物馆主体承受着生产与市场的压力，因此博物馆必须面向市场，进入市场，开拓市场，遵循市场经济发展的客观规律，研究消费心理，提供优质精神产品，吸引越来越多的观众，努力营造良好的博物馆市场。如果还是“孤芳自赏”，钻进“象牙之塔”，博物馆就会在市场经济大潮中落伍于时代，必将被社会淘汰，被观众抛弃。随着硬件设施的不断完善和改进，产品同质化的加快，软件设施成为更具竞争力的因素，各行各业都在不断加强对消费者的人文关怀，因此，提升服务质量，是现在各行业普遍关注的问题，对于旅游业这种无形产业更是如此。那么作为精神产品的主要生产部门的博物馆，在新形势下，如何适应时代的要求，利用高质量的精神产品服务社会，更多地利用文物固有的文化魅力，利用博物馆的文化手段去吸引观众，满足观众需求，参与市场竞争，从而更好地实现博物馆的教育目的，是当前摆在博物馆人面前亟待解决的问题。要想不断提升观众的满意度，博物馆就必须对观众实行深厚的人文关怀，从软件实施到硬件建设都要有周详的考虑。以公众和社会的利益为出发点，通过各种形式新颖、内容丰富的展览，热情周到的优质服务，以及舒适的参观环境，合理的参观路线，最具人性化的服务设施，为观众提供最具吸引力的文化休闲场所。博物馆的旅游服务主要表现在以下几个方面。

第一，服务参观者，为参观者提供精品陈列展览，留住参观者的注意力。新博物馆学强调要把传统博物馆以“物”（藏品）为导向转变为以“人”（观众）为导向，即由物品的搜集转向对当代人群社会问题的重视，博物馆不能沦为一座“物”的冷藏库，应是一座属于人、为人服务的学术之宫。观众既是博物馆的服务对象，也是博物馆赖以生存的基础。由此，我们应认识到现代博物馆已不再单纯是文物标本的收藏、保管和研究机构，而应是一个具有广泛意义的为公众和社会服务的文化教育机构、休闲场所和信息服务中心。以人为本应该成为博物馆人文精神的本质和特征。精品陈列展览的成功开发，需要充分发掘消费者的习惯、需求偏好，与此同时，要借助一定的科技手段，实现视频、音频、图片、文字、标记等的合理结合。互联网技术的发展，使数字媒体成为一种时尚，人们生活节奏的加快使得文字的表达显得笨拙和苍白，消费者更习惯性地通过视频和音频了解各种新闻、知识，这些现象也需要博物馆领域的管理人员积极引进新的技术，把传统的文化通过新技术展现给消费者。正如原国家文物局长张文彬说的“一个博物馆之所以引人注目，反响强烈，除了拥有众多的精美藏品外，一个主要原因就在于它的陈列展览主题鲜明，形象生动，贴近时代，贴近群众，对观众具备非同寻常的吸引力”。为了提高来访者的满意度，我们体会到：首先就是在精品意识的指导下，制作非常好的陈列展览让观众观赏。人们要求博物馆的展览应是“生动”的，而不是“呆板”的，是形式和风格不断“创新”的，而不是“陈旧”的，这才是留住观众注意力的资本。因此，开发充分体现人文关怀的精品展览是博物馆留住游客的重要途径。

第二，开发博物馆体验型旅游产品，凸显博物馆休闲游憩功能。就博物馆旅游产品而言，传统博物馆一般采取陈列式展览作为博物馆展览的基本形式，即实物展出配以文字说明，而且展品一般以时间或朝代顺序排列，具有较好的直观性，旅游者能够很容易地按照历史发展脉络对展品有个宏观概念，但缺点是形式过于单一，会产生单调沉闷的感受，令旅游体验大打折扣，而博物馆体验型旅游产品能够借助光、电、声及其他感官刺激给游客带来新奇的旅游体验，如索取资料的服务、纪念品和商品的服务和餐饮的服务等。把博物陈列馆变成科普教育馆、旅游观光馆、休闲游憩馆、文化体验馆。使游客在参观学习的同时获得精神上的享受。新博物馆学的时代，产品设计和开发需要更加注重游客的参与程度和体验质量，因此，旅游体验型产品的开发和设计要注重以下几个方面：旅游体验过程包括旅游体验需求的产生，旅游线路、时间和旅游地的选择，在景区内的旅游体验，旅行结束后的活动和交流等环节。进行旅游体验设计，其核心就要对游客这些旅游体验的类型、深度、广度等进行合理的开发与设计，为游客提供难忘的体验。在博物馆体验型旅游产品设计的过程中，主要考虑游客体验需求分析、体验氛围的营造、体验的可持续性三个方面。首先，在体验需求分析的过程中，可以根据不同旅游者的旅游动机把需求分为不同的类别，要综合考虑不同年龄、不同职业背景、教育背景等因素的影响。其次，体验型产品开发的关键是注重体验氛围的营造，它建立在对于旅游者的需求和体验主题的分析之上。具体要求是在必要的场景中根据体验需求对陈列环境进行特殊的包装，利用已有的资源条件搭建特定的场景空间或舞台，再辅助以先进的展示技术，运用光、声、电等一系列造景元素还原出一个供游客体验的真实环境，充分调动旅游者的各路感官系统。最后，文化旅游资源与其他自然资源不同，旅游者的参观游览所带走的只是印象和观感，而非旅游资源本身，因此旅游资源可以重复使用下去。对于博物馆旅游产品，它的可持续性又不同于一般的资源性旅游产品，因为它本身不存在对于自然资源的消耗过程，除了对展品的保护以外，需要考虑的是旅游体验的多样性，因此可持续性可表现为博物馆的重游率，从另一个角度来说，可持续性也表现为游客的对外宣传，如二次传播等。

第三，不断改进、完善服务设施。服务设施和空间是否完备，应该作为一个博物馆现代化与否的标志。随着市场竞争的加剧，各种配套服务设施的完善成为另一个竞争的着力点，其实任何一项服务设施都应以人性化的设计为本，要想不断提升观众的满意度，博物馆就必须从软件实施到硬件建设都要有周详的考虑，因为它所服务的群体对它的要求也会随着社会的进步而越来越高。那么我们必须以公众和社会的利益为出发点，通过各种形式新颖、内容丰富的展览，以及舒适的参观环境，合理的参观路线，最具人性化的服务设施，为观众提供最具吸引力的文化休闲场所。考虑到服务质量，我们主要从游前、游中、游后三个不同的时间段着手。首先，要提高服务质量，相关工作人员真心诚意地为参观者服务，思考并提前解决参观者参观过程之前可能遇到的各种不便利情况。博物馆要有便捷的交通，醒目的路标，体现对观众的关爱，我们称其为公共服务。这是因为，无论在什么地方，即使语言不便，只要有路标，就可以使不熟悉环境的路人、游客找到目的地，使他们不致为迷失方向所困扰。这是设计者从实际出发，体察路人、游客需要做出的人文关怀。为了更好地为外国参观者服务，让国际友人通过博物馆文化了解更多的中国传统历史和文化，也都要有国际通用的标识以方便外国参观者。其次，在参观过程中，博物馆的各种服务设施就属于博物馆内部的服务，我们称其为旅游服务，旅游服务是博物馆旅游体验过程的重要组成部分，起着至关重要的作用，把所有展品都纳入自助语言导览的范围，只要观众需要，就可以借助自动讲解，通过按键的方式选择要了解的展品，语言也可以由使用者自主加以选择，这无疑大大方便了中外观众。博物馆的解说服务是一种特殊和重要的服务，因此，解说服务将会单独列出。陈列展柜的设计更要考虑符合人体工程学原理，柜子的垂直中心要在 1.3 米左右，以减少过度的仰视和俯视，使观众参观时不致感到颈部疲劳。展品位置的高低要以正常人体的视平线或稍低为好，并且应有前后的交错，细小的东西尽量往前放。展品的高低、前后及大小等方面的合理安排，能适当改变展品的水平面，能将展线拉近或推后，观众在参观过程中就通过眼球焦距的不断改变来减轻疲劳感。展品的疏密度也应是科学合理的。过密的陈列摆设使观众的注意力长时间处于紧张之中，既容易疲劳，也因信息量太大，重点不突出，让人觉得杂乱无章而影响参观效果。同样，过于稀疏的陈列摆放也会因空荡而造成注意力下降，因缺乏兴奋点而感到平淡无味。博物馆内部各种休息场所的设置等也都是旅游服务的重要内容。最后，游后的服务也是一个旅游服务的重要组成部分。在消费者行为领域，研究者对体验质量与购后行为或行为意向的关系进行了较为丰富的研究。Mano 和 Oliver（1993）的研究表明，正向情感体验对满意度呈现正向影响效果，负向情感体验对满意度呈负向影响，且情感体验与口碑有关。Schmitt（1999）在研究体验营销时指出，消费者的总体体验越好，体验后的行为反应也越积极。Bolton 等（2000）的研究认为服务体验与再惠顾决策正相关，但受忠诚计划会员的干扰。Blackwell、Miniard 和 Engel（2001）强调，消费者的消费体验实现程度会影响消费者消费后的评估，正向的消费体验会产生有力的口碑沟通，负向的消费体验则会影响产品的口碑，从而减少重购者。Ibranhim 和 Ng（2002）认为消费者在商店购物时的知觉体验会直接影响其享受体验，并会进一步影响其购物后的惠顾行为。在旅游领域，游后行为意向是指游客在游览结束后所表达的对旅游目的地的一种态度，具体表现为重游倾向和推荐倾向。高品质的旅游体验能够满足游客的需求，提升其满意程度，而满意的游客会产生忠诚感、增加重游的几率并向其他人进行推荐。

第四，提供优良解说服务，发挥博物馆教育、传递、传播功能。博物馆是一种重要的文化旅游产品，往往涉及复杂的专业知识，而解说媒体是向游客传播博物馆专业知识的桥梁，是环境教育的重要手段，因此衡量解说媒体的效果具有重要的意义。Cohen（1985）、Geva 等（1991）、Arnold 等（1993）指出导游具有向导作用，同时也是影响游客满意度的一个重要因子。导游作为一个特殊的解说媒体起着重要作用，导游代表着旅游企业和游客进行面对面的交流，导游人员的形象和服务质量直接关系到游客满意度。知名学者 Tilden（1957）对解说的定义："解说不只是简单的信息传递，而是一种通过真实事物、个人亲身体验以及解说设施来揭示事物内在联系和真理的教育活动。"他认为解说是一种以教育为导向的活动，解说的目的是揭示人与人之间、人与自然之间、自然与自然之间的含义和关系，而不仅仅是描述现象，解说的完成需要借助中介或媒体。Sharp（1982）认为解说媒体是将解说讯息、主题传达给游客的方法、设置及工具。目前，多数学者通常把解说媒体分为人员解说和非人员解说。张明洵（2002）认为人员解说包含了咨询服务、知性之旅、据点解说及现场表演，非人员解说包含解说标识牌、解说出版品、自导式步道、自导式汽车旅游、展示设施、游客中心、视听器材等，其中解说员是解说媒体中最重要的人物，其与 Sharpe 对解说媒体的分类基本一致。吴必虎（1999）在解说媒体分类方面，有其独到的见解，他将解说媒体分为向导式解说和自导式解说。向导式解说主要指导游解说，自导式解说主要是无生命的设施设备，包含书面材料、标准公共信息图形符号、语音。虽然这两种分类提法不一样，但本质是一致的，均是从有无人员解说的角度进行分类。本书有关解说体系的构建主要从人员解说和非人员解说两个方面入手。游客中心虽然以提供旅游咨询信息为主，但游客中心主要还是以服务人员与游客沟通为主，因此，本书认为游客中心也属于人员解说。本书根据首都博物馆常见的解说媒介，从解说工具的角度出发，将解说媒体分为人员解说和非人员解说的视听多媒体、解说牌、触控式屏幕、自助式语音导览系统、解说折页、明信片，并且根据各解说媒体的属性，构建合适的指标体系。

第五，保障机制和社区参与是博物馆文化旅游服务的重要支撑。博物馆从根本上来说是社会公共机构，博物馆事业是社会公共事业，因此，国家对博物馆的政策支持是对公民文化权利的保障。除了财政支持，国家还可以通过更广泛的形式支持博物馆的发展：建立和完善博物馆事业的管理体制和相关的法律法规；采用税收减免和优惠的方式，鼓励企业和个人向博物馆进行捐赠；国家通过发行免税债券的形式，为博物馆筹集资金；对博物馆实行邮资费率的优惠；培养公众的博物馆意识，引导全社会的价值评判体系，使为博物馆做出贡献成为衡量企业和个人社会责任感的标准之一。然而，自上而下的管理模式在日益繁荣的市场经济条件下并不能完全控制各种因素。当地居民的亲自参与和管理，将对博物馆的保护和利用、延续历史和创造未来起到不可或缺的作用。博物馆志愿者服务机制是一种有效的社区参与的方式之一。志愿者不仅强化了博物馆的社会教育功能，开辟了博物馆走向社会服务大众的新途径，同时，志愿者的招募还节约了博物馆的经费开支，达到了节流的目的。

有关游客旅游过程中的服务，主要从精品陈列展览、体验型旅游产品的开发、改进和完善服务设施、提供优良的讲解服务、保障机制和社区参与六个方面进行测量和评价，通过对比游客的期望和实际感知的差别，测量游客博物馆旅游的满意度体验，这也是博物馆旅游产品开发的关键和核心。

5.4 实证研究

本研究以首都博物馆为研究基地，对来馆游客展开问卷调查。因为博物馆的馆藏资源的质量和等级已出台相应的国家标准对其进行评价，所以本次问卷的设计主要是针对游客对博物馆文化旅游服务的满意度进行研究，分析游客人口统计学特征，探讨游客主要游览动机、影响游客满意度的主要因素和游客游后重游和进行二次传播的意愿。

5.4.1 问卷设计

本研究的调查问卷分为两大部分，第一部分是个人基本情况，包括了人口统计学信息等；第二部分是关于游客对博物馆文化旅游产品质量的满意度调查，包括游前游客出游动机、游中游客对博物馆旅游服务的满意度调查和游后游客重游及进行二次传播的意愿调查。

其中，游中游客对博物馆旅游服务的满意度调查主要是在参考本章前两节中列出的关于旅游服务评价的指标体系的基础上，再结合实际情况和专家意见修改而成，并以态度量表的形式出现，共 4 项 50 个因素（详情请见附件一）。

5.4.2 样本和抽样方法

本研究的调查问卷中涉及 50 个对游中博物馆旅游服务评价的变量，根据 Gorsuch（1983）的观点，样本量不得少于 100，而且原则上越大越好。样本量与变量数的比例应在 5∶1 以上，实际上理想的样本量应为变量数的 10 ~ 25 倍，但这很难做到。5 ~ 10 倍虽略显不足，但一般都能得到较好的结果。因此，为达到较好的效果，本次调研的有效问卷数拟达到变量数的 10 倍，即 250 份以上。

本次调研采取问卷与访谈相结合的方式，游客若对问卷有不理解的地方，调查者立即予以解释，这也有利于调查者与游客的沟通，提高了问卷的有效性和正确性。对于团体游客，则以不超过四分之一的原则进行问卷调查。本次调研共发放问卷300份，回收286份，其中有效问卷271份，有效率达到90%，完成的总体情况良好。

5.4.3 资料分析与讨论

5.4.3.1 游客人口统计学特征分析

本研究对271个样本进行分析，人口统计学信息如表5－4所示。

表5－4 游客的人口统计学信息

特征值		人数	百分比（%）	特征值		人数	百分比（%）
性别	男	93	34.3	家庭的平均月收入	2000元及以下	39	14.4
	女	178	65.7		2001～4000元	72	26.6
年龄	18岁以下	21	7.7		4001～8000元	95	35.1
	18～25岁	127	46.9		8001～10000元	24	8.9
	26～35岁	56	20.7		10001～20000元	30	11.1
	36～45岁	47	17.3		20000元以上	11	4.1
	46～60岁	12	4.4	职业	政府工作人员	19	7.0
	60岁以上	8	3.0		企业管理人员	26	9.6
学历	初中及以下	18	6.6		公司普通职员	43	15.9
	高中（中专）	16	5.9		教师、科研人员等文教工作人员	23	8.5
	大专及本科	181	66.8		工人	4	1.5
	硕士及以上	56	20.7		个体经营者	12	4.4

续表

特征值		人数	百分比（%）	特征值		人数	百分比（%）
出游方式	个人	17	6.3	职业	军人	2	0.7
	与朋友一起	136	50.2		离退休人员	6	2.2
	与家庭成员一起	102	37.6		学生	122	45
	有组织的出游形式（如由单位、旅行社、社区等组织）	16	5.9		其他	14	5.2

从表5－4可以得出：

（1）性别

从被调查游客性别分布来看，参观者以女性居多，占到了65.7%。这与年轻母亲多愿意结伴带孩子游博物馆有关，另外也与女性游客更愿意配合问卷调查有关。

（2）年龄

从游客年龄分布来看，被调查者涉及年龄分布的各个层面，说明首都博物馆有较广泛的游客基础。老年游客由于身体和视力的原因拒答较多，给结果带来一定的偏差。18～25岁的人群居多，占到46.7%，而26～35岁和36～45岁这两个年龄段的游客数量相当，分别占被调查者总数的20.7%和17.3%。18～45岁的游客百分比达到84.9%，是博物馆游客的主力军，这一点是不容置疑的。这部分游客是社会活动的活跃分子，与过去的调查也基本吻合。

（3）学历

从学历分布来看，被调查者学历集中在大专及本科和以上学历上，其中大专及本科占到66.8%，硕士及硕士以上占20.7%，这与博物馆文化旅游是一种高层次旅游类型有关。

（4）职业

从职业分布来看，排名前两位的被调查者职业分别为学生（45%）、公司普通职员（15.9%）。由于调查是在周末进行的，有许多学校的学生以班级活动的形式出游，这也是被调查者中学生居多的一个原因，同时也表明首都博物馆对学生是有一定吸引力的。

（5）出游方式

根据调查结果显示，游客出游方式主要是与家人和朋友一起，分别占50.2%和37.6%，这与过去的观众研究结果也比较一致。因为调研时间属于非黄金周期间，所以团体游客较少。

（6）家庭平均月收入

从家庭平均月收入来看，4000元及以上的中高收入者占被调查者的大多数。虽然首都博物馆是免费开放的，但是从学历分布上来看，被调查者多为高级知识分子，即使高学历不完全意味着高收入，但两者之间也具有一定的相关性，因此博物馆游客中较高收入者居多也是很有可能的。

5.4.3.2 游客参观动机

对游客进行参观动机分析，如表5-5所示：

表5-5 游客参观动机

统计量										
		接受教育	体验文化	消磨时间	陪家人或朋友	参加活动	满足好奇心	工作或学习的需要	出于个人喜好	服从多数人的选择
N	有效	271	271	270	271	271	271	271	271	271
	缺失	0	0	1	0	0	0	0	0	0
中值		3.00	4.00	1.00	3.00	3.00	3.00	3.00	3.00	2.00
众数		3	4	1	3	1	3	4	3	1
标准差		0.801	0.712	1.171	1.116	1.223	1.064	1.223	0.861	1.160

体验文化和因为工作或学习需要两变量的众数都为4，即大部分被调查者参观博物馆的主要动机是体验文化和工作或学习。其次，接受教育、陪朋友或家人、满足好奇心的众数为3，说明这些是受访者参观博物馆的部分原因。

总之，关于北京首都博物馆游客行为研究部分，从271份有效问卷统计的数据来看，在性别方面，女性以占65.7%的比例居多；在年龄分布上，18~25岁人群居多，占到46.7%，而26~35岁占被调查者总数的20.7%，表明青年人群是博物馆的主要游客；在学历上，大专和本科及以上学历等高学历游客为多，其中具有本科学历的游客比例为66.8%，排在第一位；在职业方面，最多是学生，其次是公司普通职员，其他职业的游客比例均低于10%；家庭平均月收入以中高收入者为主，其中4001~8000元这一组收入的被访游客比例较其他组高，为35.1%；在游客出游方式上也主要是与家人和朋友一起，分别占 50.2% 和 37.6%，这与过去的观众研究结果也比较一致。从参观动机来看，大部分被调查者参观博物馆的主要动机是体验文化和工作或学习。

上述结果表明，本研究与国外大部分博物馆观众研究的结论有很多类似之处：游客集中于女性、高教育程度、收入较高、年龄层较年轻等。然而与国内博物馆观众研究的结果相比，差异较大：游客中男性居多、具有中等学历和中低收入。相同的地方在于，游客同伴主要是朋友和家人，游客同伴以团体为主的较少，这点在上文已有解释。

5.4.4 博物馆旅游服务游客满意度影响因素分析

5.4.4.1 信度和效度检验

（1）信度检验

本研究采用 SPSS13.0 中 Alpha 模型对态度量表部分的统计数据进行检验，分析得出影响游客对博物馆旅游服务满意度因素模型的信度为 0.966，表明问卷具有相当高的信度。

（2）效度检验

对态度量表部分的统计数据进行 KMO 测度和巴特利特球体检验，结果见表 5－6。

表 5－6 KMO 和巴特利特球体检验

KMO 和 Bartlett 的检验		
取样足够度的 Kaiser－Meyer－Olkin 度量		0.959
Bartlett 的球形度检验	近似卡方	13425.261
	df	1378
	Sig.	0.000

KMO 统计量为 0.959，大于 0.7，说明变量间的重叠程度特别高，适宜做因子分析；巴特利特球体检验的显著性概率统计值为 0.000 小于 1%，这说明数据具有相关性，是适合做因子分析的。

5.4.4.2 因子分析

采用主成分分析法来提取公共因子，根据特征值大于 1 的原则确定因子的数目。然后，通过方差最大法（Varimax）的正交旋转方法获得各因子的载荷值。在确定公共因子的时候，选择方差的累计贡献率在 60% 以上的因子作为公共因子。

因为要保证因子命名的有效性，所以经过多次调整在保证 KMO 大于 0.7 和巴特利特球体检验的显著性概率统计值小于 1% 的前提下，提取了 5 个因子。表 5－7 显示了在最后一次因子分析中 KMO 和巴特利特球体检验的结果，表明在变量调整后依然适合做因子分析。从表 5－8 中可以看出前 5 个因子解释的累计方差已经达到 62% 以上，而且这 5 个因子每个因子的载荷率都达到了 10% 以上，故而提取这 5 个因子就能够比较好的解释原有变量所包含的信息了。

表 5-7 KMO 和巴特利特球体检验

KMO 和 Bartlett 的检验		
取样足够度的 Kaiser - Meyer - Olkin 度量		0.957
Bartlett 的球形度检验	近似卡方	12554.781
	df	1128
	Sig.	0.000

表 5-8 解释的总方差

成分	初始特征值			提取平方和载入			旋转平方和载入		
	合计	方差的%	累积%	合计	方差的%	累积%	合计	方差的%	累积%
1	24.075	50.155	50.155	24.075	50.155	50.155	7.711	16.064	16.064
2	2.870	5.978	56.134	2.870	5.978	56.134	6.188	12.892	28.956
3	1.964	4.092	60.225	1.964	4.092	60.225	6.128	12.767	41.723
4	1.854	3.862	64.087	1.854	3.862	64.087	4.988	10.391	52.113
5	1.682	3.505	67.592	1.682	3.505	67.592	4.925	10.261	62.374
6	1.124	2.342	69.934	1.124	2.342	69.934	2.598	5.412	67.787
7	1.039	2.165	72.099	1.039	2.165	72.099	2.070	4.313	72.099

提取方法：主成分分析。

通过信度检验，通过因子分析后的 5 个因子的信度系数分别为 0.936、0.945、0.930、0.928 和 0.931，总信度系数是 0.977，表明它们的内部一致性较高。关于累计解释变异，5 个主成分的特征根解释了总体方差的 67.592%，可以概括原始变量所包含的六成以上的信息，由此可以认为这 5 大因子能够解释大部分变量，概括绝大部分信息。因子分析的结果把原来影响游客对博物馆旅游服务满意度的模型变为了 5 大因子，根据各大因子所包含的因素，给 Fl、

F2、F3、F4、F5 分别命名为展览方式和展览效果、旅游解说服务、配套设施、展览环境设置和博物馆旅游纪念品（表 5 -9），这 5 大因子也即为影响游客对博物馆文化旅游服务满意度的主要因素。

表 5 -9　因子分析及信度检验结果

因子命名	包含的影响因素	因子负荷量					α 系数	
		F1	F2	F3	F4	F5		
F1 展览方式和展览效果	所展展品传播历史文化的能力	0.762					0.936	0.977
	所展展品传播科技教育知识的能力	0.757						
	展览方式多样性	0.728						
	所展展品传播风俗习惯的能力	0.721						
	博物馆带来的审美体验	0.700						
	展览方式新颖性	0.692						
	博物馆的环境氛围设置的体验效果	0.657						
	展览柜台设计适合儿童、成年人、老人、残障人士	0.623						
	展品的信息清楚明了，易于理解	0.612						
	互动性的展览，有详细的操作说明和介绍	0.600						
	游客的参与程度	0.555						
	博物馆内的各种服务标识清晰明了	0.481						

续表

因子命名	包含的影响因素	因子负荷量					α 系数	
		F1	F2	F3	F4	F5		
F2 旅游解说服务	博物馆明信片邮寄的便捷程度		0.698				0.945	0.977
	博物馆明信片的特色性		0.696					
	解说员讲解时与游客的互动		0.683					
	讲解员讲解的内容的丰富性		0.669					
	对在触控式屏幕上获得的内容是否满意		0.659					
	自助式语音导览系统语言清晰度		0.646					
	解说员给人的整体印象		0.595					
	自助式语音导览系统租借的方便程度		0.556					
	博物馆工作人员的服务态度		0.437					
F3 配套设施	博物馆内配备的手机充电设备的充足性			0.790			0.930	
	饮用水的提供			0.744				
	休息座位充裕			0.679				
	网络服务如 WiFi、移动信号等的方便性			0.651				
	博物馆提供儿童游憩设施设备			0.621				
	博物馆停车位的数量			0.628				
	博物馆提供残疾人专用通道			0.599				
	博物馆停车场的标示牌清晰可见			0.580				

续表

因子命名	包含的影响因素	因子负荷量					α系数	
		F1	F2	F3	F4	F5		
F4展览环境设置	博物馆的展览灯光效果				0. 731		0. 928	0. 977
	展览环境与博物馆主题风格相符合				0. 714			
	博物馆展品摆放的疏密程度				0. 656			
	博物馆展览布局的合理性				0. 641			
	博物馆展品摆放位置的高低				0. 645			
F5博物馆旅游纪念品	博物馆旅游纪念手册内容丰富					0. 676	0. 931	
	博物馆旅游纪念手册特色鲜明、纪念性强					0. 667		
	博物馆旅游纪念手册排版合理性					0. 661		
	博物馆旅游纪念品的价格					0. 645		
	博物馆旅游纪念品的特色					0. 634		
	博物馆旅游纪念手册的获取方式的便利程度					0. 600		
	博物馆的旅游纪念品商店					0. 591		
因了个数		12	8	8	5	7		
累计解释变异		67. 592						

5.4.5 游客重游和进行博物馆文化传播的意愿分析

游客重游和进行博物馆文化传播的意愿分析如表5-10所示。

表5-10 游客重游意愿分析

		有电视或媒体节目播放有关本博物馆的信息时您是否愿意同别人分享这次经历	您是否支持本博物馆内容做成电子游戏产品	您是否支持本博物馆内容做成电视产品	博物馆的公益活动您是否愿意参加	您认为文化旅游服务中志愿者服务存在的必要性	您对这次游览的满意程度
N	有效	271	271	271	271	271	271
	缺失	0	0	0	0	0	0
	均值	3.90	3.40	3.81	3.83	4.11	3.94
	众数	4	4	4	4	4	4

从总体来看，除了“投诉渠道”这一变量外，其他变量的均值介于3与4，众数都为4，说明游后人们有继续关注博物馆动态和传递博物馆文化的意愿。从游客重游意愿来看，选择“愿意”重游的居多，占到了63.5%，也从侧面说明了大部分游客对本次游览是比较满意的；愿意向亲朋好友推荐的游客也占了一半以上；为了传播博物馆文化而将博物馆的相关内容做成电视产品和游戏产品，游客也

是非常支持的；而且从调查结果也可以看出，游客认为博物馆内的志愿者服务是相当有必要的，博物馆内的志愿服务，目前主要体现在讲解上，这也表明游客对讲解服务的需求很大，博物馆应该加强此方面的投入。

参考文献

[1] 佟玉权，韩福文. 工业遗产的旅游价值评估 [J]. 商业研究，2010 (1)：160 – 163.

[2] 王晓曦. 博物馆靠什么提升观众的满意度 [J]. 博物馆研究，2006 (3)：18 – 23.

[3] 王玲. 基于公共文化空间视角的上海市博物馆旅游发展研究 [D]. 复旦大学，2010.

[4] 董方慧. 城市博物馆旅游开发模式研究——以无锡市为例 [D]. 北京交通大学，2012.

[5] 傅玉兰. 博物馆群运作模式研究 [D]. 复旦大学，2010.

[6] 段若鹏，李秋硕. 博物馆体验型旅游产品开发研究——以杭州运河博物馆群为例 [J]. 哈尔滨师范大学社会科学学报，2012 (1)：70 – 75.

[7] 余佳. 地市级综合类历史博物馆游客满意度测评——以徐州博物馆为例 [J]. 科协论坛，2010 (9)：178 – 181.

[8] 王斌，陈慧英. 鄂西生态文化旅游圈旅游全要素协同发展体系研究 [J]. 经济地理，2011 (12)：2128 – 2131.

[9] 柴寿升，李洁. 海洋文化名城评价指标体系与模型研究 [J]. 青岛科技大学学报 (社会科学版)，2013 (3)：11 – 15.

[10] 陈梅花，石培基. 基于 AHP 法的文化旅游资源开发潜力评价——以南阳玉文化旅游资源为例 [J]. 干旱区资源与环境，2009 (6)：196 – 200.

[11] 张海燕，王忠云. 基于产业融合的文化旅游业竞争力评价研究 [J]. 资源开发与市场，2010 (8)：743-746.

[12] 任丽娜，张立明. 基于游客体验的综合博物馆旅游产品开发——以湖北省博物馆为例 [J]. 云南地理环境研究，2010 (2)：92-97.

[13] 曾建英. 金沙遗址博物馆解说媒体与游客满意度关系研究 [D]. 北京林业大学，2011.

[14] 马勇，陈慧英. 旅游文化产业竞争力综合评价指标体系构建研究 [J]. 中南林业科技大学学报（社会科学版），2012 (1)：4-7.

[15] 闫珊珊. 旅游资源综合评价体系构建与实证研究 [D]. 曲阜师范大学，2012.

[16] 黄娅. 民族文化旅游产业可持续发展的综合评价体系及评价方法研究——基于文化经济协同发展的视角 [J]. 贵州民族研究，2012 (1)：111-116.

[17] 史萍. 上海博物馆客源市场研究 [J]. 北京第二外国语学员学报，2002 (4)：48-54.

[18] 孔伟. 滕州市文化旅游资源开发潜力评价研究 [D]. 陕西师范大学，2011.

[19] 高杰，郭伟，王进富. 西安旅游市场游客需求满意度研究——以博物馆为例 [J]. 西安工程科技学院学报，2007 (6)：870-875.

[20] 杨丹丹，宋宝平. 遗址博物馆旅游真实性感知指标体系研究——以秦始皇兵马俑博物馆为例 [J]. 河南科学，2013 (11)：2093-2097.

[21] 李瑛. 我国博物馆旅游产品的开发现状及发展对策分析 [J]. 人文地理，2004 (4)：30-32.

[22] 张广瑞. 旅游业与博物馆业应比翼齐飞 [J]. 经济参考报，1998：7-12.

[23] 孔旭红，孙宏实. 从封闭走向开放——博物馆业切入旅游市场的设想 [J]. 经济大观，2003 (21)：30-31.

[24] 杨卫. 谈博物馆门票的设置与管理 [J]. 南方文物，2004 (4)：124-126.

[25] 吴相利. 会员制——博物馆市场开发的重要方式 [J]. 博物馆研究，2010 (3)：10-15.

[26] 吴相利. 博物馆市场细分及深度开发——美国老史德桥村博物馆青少年市场开发的实践 [J]. 博物馆研究，2011 (1)：40-49.

第六章　北京博物馆文化旅游质量提升研究

北京是一个拥有三千年建城史、八百年建都史的历史文化名城，它的文化吸引远远超过自然景致，体现了中华民族文化的精髓。北京作为政治中心和经济发达城市，是各行业开展各种交流活动、举办大型会议的首选之地，因此它是建立博物馆——立体的“百科全书”的首选城市。1912 年在北京国子监筹建的历史博物馆，是中国第一座公立博物馆。2013 年北京的博物馆达到 165 座，其中免费开放的博物馆 68 家，96% 的国家级博物馆集中在北京，年均接待观众 2923. 7 万人次。北京的博物馆在全国的同行业发展中，无论在数量上还是在质量上都处于领先地位，因此与国外的首都城市如华盛顿、伦敦、巴黎、斯特格尔摩等一样，北京发展博物馆文化旅游既有条件又符合城市定位。北京博物馆文化旅游主要由展品与旅游服务构成，根据《博物馆管理办法》及对博物馆成立的审批内容，博物馆的展品质量都具有一定的文化意义，在专业人士眼中属于“上品”，普通大众也对其价值持认可态度，因此旅游服务成为决定博物馆文化旅游质量提升的关键。

6.1 旅游服务对博物馆发展的重要性

6.1.1 服务经济在文博行业的渗透

深厚的文化底蕴是文博资源的特征，更是博物馆发展的基础，北京地区的博物馆宝贵资源，具有无限魅力，首都文化除了当地文化外，还汇集了我国历史文化与其他地区多样性的民俗文化，成为国家对外展示的文化窗口。全市博物馆共收藏各类文物及标本330.56万件套，其中经过鉴定的一级文物为1.5万件套，二级文物约61万件套，每年推出固定展览200余项，临时展览400余项，文化资源种类繁多，有形资源与无形资源共存，虽归属于不同的国民经济部门，但文化传播的社会责任是相同的。

从产业分工看，服务行业与非服务行业的区别日益缩小。正如哈佛商学院教授西奥多·李维特所认为的，随着对服务认识的深入，服务性行业和非服务性行业的区别将日渐缩小、模糊，“再也没有所谓的服务产业了，只有不同产业之间服务所占比重大小的区别。每个人都在从事服务工作”。博物馆对文化产业的贡献率逐年提高，已经成为首都的标志性文化资源，首都发展文化旅游的重要载体。因此博物馆旅游已经成为首都发展文化旅游的重点工作，而服务所带来的经济效益和社会效益也是博物馆文化旅游发展的重要目标。

6.1.2 博物馆旅游服务的内容

旅游服务是面向旅游者的服务，是附着在旅游核心产品上、评价旅游产品质量必不可少的内容，它是围绕旅游信息、旅游吸引物和旅游设施，为了满足游客的旅游需求、完善旅游过程的服务。旅游者的旅游过程主要分为游前、游中、游后三个阶段。游前旅游动机激发和客体信息传递的过程中，主要的服务包括媒介服务，即信息传递、基础设施服务、旅游设施服务；游中服务体现在游客旅游动机的实现，这是旅游产品的核心价值体现的关键，它包括资源文化内涵的挖掘与传递、游览节奏安排、商品设计和游客体验，不能因为服务功能的弱势导致游客产生“昏暗的现场、单调的展品和僵硬的服务以及理解不了的专业解说”的游中服务印象；游后服务包括游客满意度与文化传播效果调查。博物馆旅游服务功能还体现在对所在区域旅游发展的贡献上，这也是旅游服务业的共性特征。

6.2 博物馆文化旅游服务的特殊性

6.2.1 基于认知的博物馆文化旅游资源分类

文化旅游与自然景观为吸引物的观光旅游虽然都是给游客带来愉悦，但是因吸引物的性质不同，文化旅游表现为旅游过程的浸入深度大，停留的时间长，游览节奏要慢一点。博物馆的传统分类依据多样，传统类型与新兴类型并存，博物馆类型众多。传统分类中依据展品类型，分为五大类博物馆：行业发展与科技类、历史遗址与宗教类、艺术类、文化发展与红色教育类、综合类等。随着博物馆定义的泛化，动物园、植物园与海洋馆成为博物馆的新类型。目前我国旅游市场开发已经由资源导向、产品导向过渡到市场导向，因此基于游客认知的划分对博物馆旅游业的发展具有重要的指导作用。

就博物馆旅游服务而言，应从游客的认知角度进行基本类型划分，对于没有游客认知需求的博物馆文化旅游效应难以推广，应弱化旅游服务功能，加强对社区居民和学生的教育功能。本研究根据游客认知度将博物馆分为优质资源、潜在资源和搁置资源三类，划分的方法是采用问卷调查法，对游客进行调研。问卷罗列了 159 个北京地区博物馆，问卷形式如表 6－1 所示。

表 6－1　基于认知的博物馆旅游资源分级问卷

博物馆名称	去过	没去过但听说过	没听说过但感兴趣	没听说过且不感兴趣
曹雪芹纪念馆				
……				

其中将游客“去过”和“没去过但听说过”的博物馆列为优质资源，占总数的 13.2%；“没听说过且不感兴趣”的博物馆列为搁置性资源，占总数的 10.1%，主要集中在

大学中的博物馆（如北京服装学院服饰博物馆）、行业博物馆（如中国电信博物馆、中国印刷博物馆、北京自来水博物馆等）、郊县博物馆（如密云县博物馆等），因此“没听说过但感兴趣”的博物馆占多数，体现了游客对博物馆资源的认可，同时也反映了我们的游前信息传递工作的缺失，此类博物馆以名人故居为主，游客只知名人，对故居确实没有听说过，甚至对非京籍名人的故居在北京存在感到很诧异，如鲁迅故居，但名人效应的作用使游客还是很感兴趣并有参观动机，本研究称此类博物馆为潜在资源。

综上，本研究将博物馆分为三类：①优质资源（现实性旅游吸引物，游客认知性较强，如故宫、雍和宫等）。②潜在资源（以本地游客为主，社会认知度较低，基本以顺访为主，但能够激发游客兴趣，如名人故居）。③搁置资源（目前基本没有游客，吸引性较差，难以激发游客兴趣）。博物馆文化旅游质量的提升主要针对优质资源和潜在资源而言。搁置资源在条件成熟的情况下，可以与优质资源、潜在资源形成博物馆文化旅游发展的递进式层次关系，在现阶段主要以社区居民的参观服务为主。

博物馆文化旅游发展中，其特殊性的旅游服务本研究主要从游前、游中和游后三个阶段进行分析。

6.2.2 游前信息传递内容具有兼容性

游前信息既要包括博物馆作为旅游目的地的营销内容，

又要包括作为顺访地的区域性介绍，博物馆管理者要根据自身在旅游市场的资源位置制定专门性或兼容性信息向游客发布。北京地区博物馆的分布较为集中，约60%的博物馆分布在人口稠密的东城、西城、海淀、朝阳四区，其中博物馆在东城区和西城区大致呈均匀分布，在海淀区集中于南部，在朝阳区集中于西部，这与北京文化重点区域和商业集聚区域的分布是一致的。博物馆位置交通便利，多位于环线与主要公路的两侧，可达性好，周边服务设施健全，有利于创造良好的区域休闲环境和满足参观者的多样化休闲需求。在世界范围内，鉴于博物馆能提高旅游品位，将博物馆旅游作为目的地旅游产品的做法非常普遍。旅游资源的异质性能够增加游客的新奇感，可以成为区域旅游设计的主要考虑因素，优质博物馆资源在区域旅游中的带动、推广作用不可小觑，而潜在资源是对区域旅游内容的必要补充。

6.2.3 游中环节真实性突出，讲解生动准确

博物馆的主要功能是收藏和教育功能，根据展品的文化内涵向参观者传递真实性信息。随着社会的发展，尤其北京作为首都城市，最为优势的资源就是文化资源，这是中华文明对外展示的窗口和对内传播的信息源之一。北京地区博物馆文化旅游者的文化素质普遍较高，在对散客的调研中，36.2%的游客学历在大专以上，其中包括与展品文化内涵相关的历史、考古、中文、地质等专业的学者和

学生，并且以家庭为单位的旅游团组比较突出，体验性旅游需求比较突出，“寓教于乐”，旅游者对博物馆所传递的文化知识的肯定度非常高。因此博物馆具有普通景区所没有的文化认知的严肃性，对讲解员要求高，文化信息传递的重要环节是讲解员的素质。一个好的讲解员，他讲解的过程能够结合参观者的常识引起共鸣，提高旅游文化的传递性，增加游客的知识容量，有利于文化的分散性传播。此外，博物馆纪念品一般源于展品文化内涵，原创设计突出，档次较高，价格较市场复制品高，有明确的知识产权意识。

6.2.4 游后保证文化公益性传递

博物馆公益性定位，是其他旅游资源少有的属性，它对游客的教育功能在游中体现，而游客对文化旅游过程的记忆、共鸣和传播都将发生在游后过程。文化旅游的核心是在人们进行旅游体验、享受愉悦过程中能够得到知识或者印证知识，并在今后的经历中乐于传递。除了与一般旅游活动一样存在游客满意度以外，博物馆旅游因具有强烈的文化性，需要有出于游客自觉的文化传播，这种传播是公益性的，没有商业色彩，这与一般旅游活动产生经济效益和满意度的游后价值判定是有区别的。

6.3 博物馆旅游服务功能低位现状分析

6.3.1 游前博物馆旅游产品整体认知度低

在游前信息传递方面，博物馆旅游产品整体认知性较弱，工作人员旅游服务意识淡薄，游前信息传递兼容性较弱，社会影响力有限。随着文化旅游的发展，博物馆旅游越来越受到人们的欢迎，越来越被普通大众所接收。然而北京地区超过 95% 的博物馆是国有体制，博物馆社会化程度较低，与美国博物馆年观众量达其人口总数的 3 倍相比，整体社会影响力比较有限。从认知度上看，只有少数知名度较高的博物馆（即优质资源，占 13.2%）为人们所熟知。博物馆影响力缺失很难成为人们关注的焦点，游客就不会将博物馆旅游作为主要目标，博物馆的旅游功能和社会效益就不能很好地发挥。造成博物馆影响力差的主要原因就是游前信息传递效果差，在旅行社组织的团队中，40% 以上的游客是通过“旅游线路中包括的参观点”和“旅游中介组织推荐”到潜在资源的博物馆中参观的；在散客中通过“网络宣传”到博物馆旅游的游客比例在为 21%，其中包括 33% 的散客通过北京市旅游委发行的《北京都市旅游手册》（渠道：报纸书刊）采用网上搜索，实施的旅游活动。

由于我国的博物馆属于非营利机构，其所属的文博行业主要的工作内容是文物保护与科学研究，为大众提供教育基地，从工作人员的心理归属的认知上属于“科研单位”或者“文博系统”，与旅游行业的发展是一个非常被动的关系，虽然可以认可“旅游吸引物”的形象，但是对旅游服务工作比较模糊，只定位于自身的展品、专业解说工作，因此缺乏对外宣传和营销的意识。目前有门户网站的博物馆比例为31.21%，能够用百度指数搜索出来关注度的博物馆比例为37.1%。潜在资源博物馆的年平均百度指数为80~200，优质资源的博物馆年平均百度指数在200以上，其中故宫、恭王府、中国美术馆、雍和宫等博物馆的百度指数达到1000以上。可见，大部分博物馆资源的认知度比较低，且博物馆门户网站的内容以展品介绍为主，版面内容设计单一，节点功能体现不突出。另外，由于博物馆里收藏的文物都极其珍贵，所以工作人员更多关注的是文物的安全性问题和责任问题，而不是想方设法地为游客服务，同时“营销”容易与经济利益挂钩，与“公益性”是相悖的，因此博物馆的游前信息传输出现低位状况。

6.3.2 游中服务体验性差，知识传递手段较单一

我国学者谢彦君按照旅游产品内涵，将旅游产品的利益构建成模型（见图6-1）。

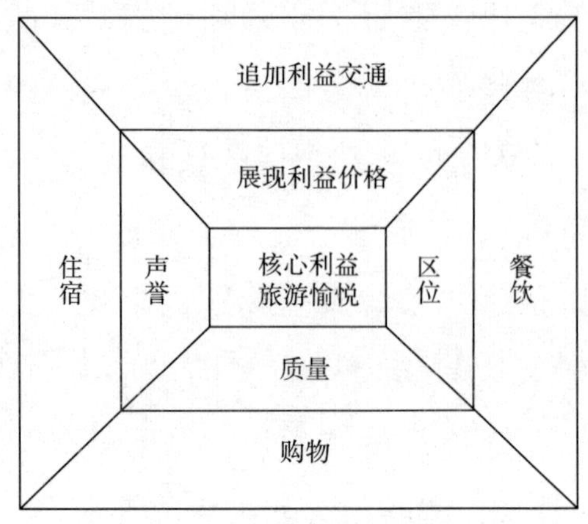

图 6－1 旅游产品利益模型

图 6－1 中的核心利益是指向旅游者提供的基本效用或利益，是满足旅游者旅游需求的最根本的部分。博物馆文化旅游就是一种旅游产品，它的核心利益是教育和娱乐，满足游客文化体验带来的休闲和愉悦，因此博物馆文化旅游服务的核心利益是由博物馆所提供的服务决定的，即游中过程是博物馆文化旅游服务最重要的体现环节。

博物馆游中服务主要体现在展品的真实性、丰富度，讲解的生动性、科普性和体验环节的满意度。博物馆中的文物都是某一历史时期文化、技术、艺术等的浓缩和精华，对文物的解读需要很强的专业知识，不是普通大众所能做到的，因此博物馆工作人员的讲解水平和体验项目就直接影响到了博物馆文化旅游服务水平的高低。

北京地区博物馆面临的一个共同问题就是高素质的专业人才和管理人才缺乏，对于游客而言，文化在馆中的最初信息传递是通过讲解工作的生动性和科普性来完成的。北京地区博物馆的讲解员受教育程度以大专及以下为主，专业背景与博物馆主题的关联性不大，中国地质博物馆采用新进人员在讲解员岗位锻炼的方法加强讲解队伍建设。一般博物馆讲解人员对本馆内的展品介绍仅仅基于工作手册上的简介，类似于“照本宣科”，不能够做出深入的回答，甚至存在知识理解有误的情况。此外，科普教育系统配套设施不全，博物馆内的解说牌示内容经常使用专业术语，不够浅显易懂，例如中国地质博物馆，馆内图解和说明为游客对地质现象、地质地貌特征等的理解带来困扰。

近年来，随着科技的发展，展览方式有了很大的进步，高科技的陈列手段得到广泛的应用，博物馆可以更生动形象地将展品展示给观众。但是这种展览方式依然没有摆脱传统的单方面的展示模式。这种模式依然会导致大部分的游客走马观花式地游览博物馆，很少在文物面前长时间停留，更不用说去探究展品的文化价值和内涵了。体验经济时代的到来，使人们更加热衷于追求休闲娱乐以及文化内涵的深度体验，这对博物馆文化旅游服务提出了新要求。北京的博物馆体验化程度偏低，缺乏多样性、趣味性的体验，本研究的调研结果表明，认为“参与性活动少”和“游览单调”的游客比例高达61%以上，可见体验式游览成为馆中游览的软肋。

博物馆是属于非营利性组织，没有财政拨款以外的收入来源，娱乐性和体验性服务的设计和建设都需要资金的投入，政府的补贴只能满足博物馆的日常开销，因而没有多余的资金来丰富博物馆的服务，满足游客的众多需求。因此细节化的娱乐与体验服务需要依据客源特征进行设计与建设。

6.3.3 游后文化传播载体和渠道缺乏

自然景观的印象来自对游客视觉的冲击，文化旅游的内容需要不断提醒与重复才能内化于游客的大脑中。博物馆内的文物是一种历史文化载体，包含着丰富的信息，博物馆文化旅游服务如果要满足游客的求知需求，就要将文物基本的历史、科学、文化和艺术价值传递给游客。可是真正实现这一点的博物馆很少，游客在游览完博物馆之后除了相机里文物的影像之外，就很难再有文物的其他信息了。造成这一现象的原因除了是受旅游者自身的文化素质的影响外，还受整个社会文化氛围的影响。博物馆的社会链条太短，没有形成区域联合的关键点，节点与核心的作用突显不出来，社会效应弱。博物馆与周边的旅游吸引物、接待设施等没有形成联合发展的机制，游客在博物馆游览后得不到相关的其他旅游信息，辐射性旅游服务功能缺失。

文化的传播需要载体，物质性的或者非物质性的。旅游纪念品是物质性的载体，是提高博物馆文化旅游社会效益和经济效益的有效途径之一，是展示博物馆文化的窗口，也是体现文化与艺术的完美结合。同时旅游纪念品是博物馆特色的体现，能够时常提醒游客的文化回忆。国外博物馆纪念品一般源于展品文化内涵，原创设计突出，档次较高，价格较市场复制品高，有明确的知识产权意识。但北京地区博物馆中的纪念品多是社会商品，在设计与内容上很少突出展馆文化特色，缺乏文化内涵。旅游纪念品缺少吸引力必然会导致游客对旅游经历，尤其是文化性的回味比较淡薄。如果把博物馆中的讲解视为文化原始传递的话，游后馆外的回忆与传播可视为二次传递。文化印象不经后期的提醒很容易被淡忘，文化二次传递的意愿由于缺乏载体而显得不强烈。

6.4 博物馆文化旅游质量提升的对策研究

6.4.1 加强旅游服务意识，提升游前信息公共服务质量

提升博物馆文化旅游质量，首先要加强工作人员的旅游服务观念，以首都的文化建设为己任，以文化传播的有效性来判定工作的效果，而不是专注于行政管理和科学研究，要关注市场和游客的需求，将博物馆个体与区域优势应该发挥出来。

6.4.1.1 游前信息内容扩展渠道建设

博物馆管理部门或者博物馆个体，要针对自身的特点与全市各个相关部门协调，形成博物馆旅游信息公共服务体系，调研参观者尤其是旅游者的游前信息渠道特征，充分发挥微信、微博等自媒体的作用，建立、充实门户网站。对于潜在性资源，在对资源本身进行普及性文化内容介绍外，还要关注其节点作用，促进整个区域的旅游发展。

博物馆可以利用其他行业的客源优势，如在酒店中及时传递宣传资料，将酒店客源吸引到博物馆中。旅行社有完善的机构、人员配备以及善于组织游客的丰富经验、稳定的客源等，通过旅行社的推介宣传，会有更多有偏好的团体游客到博物馆参观。在信息功能上，博物馆要借助其他可能利用的企业力量和客源关系增强自身的宣传，提高知名度，事实证明这样做是有效的，如中国科技馆、航天部门及相关媒介联合举行庆祝活动，展出“神五”返回舱地球，中国科技馆日均访问量从约 5000 人增加到 2.5 万人次，刷新了科技馆单日接待最高历史记录。首都博物馆与多家博物馆合作展出的“五千年文明”主题展览，在 2008 年 7 ~ 10 月三个月间游客量突破 70 万人次。

此外，博物馆可采用“经营加盟”的方式推广自己，这似乎有悖于博物馆的公共利益和“非商业化”，但是近来的研究明显指出，只靠政府的财政是不能满足博物馆的发展需要的，甚至不能维持现状。因此，借助博物馆政策的低价位特点，与其他旅游行业进行经营联盟，互惠互利。博物馆在与其他旅游企业进行经营联盟的时候，可以成为旅游企业的营销内容的一部分，如采用派票方案，一可为周边或可达性比较好的博物馆提供客源，充分体现博物馆的社会效益，二可以丰富旅游企业产品的文化内涵，三可为博物馆资金来源提供新的通道。有偿接受国外博物馆的巡展或举行节事庆典活动也是经营加盟的一个方案。

6.4.1.2 加强网络宣传渠道建设

在网络关注度与旅游客流关系的研究上，国内外学者主要从网络信息流对客流的影响、网络关注度和客流量之间的相关性、影响因素、研究对象上等几个方面进行了阐述。在网络信息流对客流的影响方面，Adams 等从新 ICTs 的地理视角，对网络信息在促进印度向美国移民的作用上进行了定性分析，描述了信息流对人流的导引作用。Skadberg 等发现好的网络体验能够直接和间接地影响着人们对旅游目的地的态度和行为，在一定程度上激发了人们实际到访的意愿。

国外利用网络搜索数据专门研究旅游客流的文献较少，国内学者大多以区域旅游、城市旅游和旅游景区的网络关注度与旅游客流关系为研究对象。吴世峰认为网站信息流对我国旅游人流有增强作用，信息流增长快于人流增长。在网络关注度与客流量之间的相关性上，龙茂兴等人基于百度指数用户关注度数值研究发现，在没有发生意外事件与活动的惯常环境条件下，区域旅游网络关注度与实际旅游客流具有极强的正相关性，李山等认为网络关注度的变化是旅游客流变化的“前兆”。

在网络关注度与旅游客流关系的研究方法上，主要是对网络搜索数据进行分析，将搜索的数据与实际数据通过图表的形式进行比较，通过图表和建立模型的方式来动态分析。国内的学者多是研究网络关注度对客流量的影响，较少关注客流量对网络关注度的影响，即较少系统性探讨两者之间的双向影响。

本研究借助课题组成员对水立方的前期研究成果，以首都博物馆和自然博物馆为例，利用百度搜索指数，运用计量经济学中的 VAR 模型，动态研究网络关注度与实际客流量间的“先兆”关系，见附录一。首都博物馆网络关注度与客流量曲线的变化趋势基本一致；以周为单位，网络关注度峰值出现的时间要比客流量提前 1 ~3 天。自然博物馆网络关注度的峰值的出现要比客流量峰值出现的时间提前1 ~2 天。因此，需要利用网络关注度与游客量之间的相关关系，做好游前的信息服务工作。博物馆旅游中年龄在 45 岁以下的游客占 70% 以上，他们也是网络依赖性较强的年龄团体。

掌握游客出游网络查询信息的特征，除了对博物馆宣传工作非常有益外，还能够通过网络关注度建立预警系统，合理分配客流，避免游客“接踵摩肩”现象。68 座北京地区的博物馆实现了免票制度，预约制度虽然能够避免游客过量，但对于故宫、雍和宫等知名度高的优质博物馆旅游资源，需要向游客提前发布未来 N 天的游客量预警，以便合理分配游客流向。本课题组研究表明（附录一），百度搜索指数基本具有 1 ~3 天客流先兆预警功能，可以通过发布预警，协调周边交通、停车服务、馆内接待设施等资源，为提高游客旅游满意度服务。

6.4.2 加强游中体验化设计

体验是企业以服务为舞台，以商品为道具，以消费者为中心，创造能够使消费者参与、值得消费者回忆的活动。与以往不同的是，商品、服务对消费者来说是外在的，而体验是内在的，存在于各人心中，是各人在形体、情绪、知识上的参与所得。各人的体验不会完全一样，因为体验是来自个人的心境和事件的互动。从人的参与度（guest participation）将体验划分为 4 部分：娱乐（Entertainment）的体验：消费者被动地通过感觉吸收体验，如观看演出、听阅读和阅读娱乐性文章等；教育（Education）的体验：消费者积极参与，吸收信息，如户外教学、求知旅行等；逃离现实（Escape）的体验：消费者更积极参与，完全沉溺于情境中，如主题公园、赌场、虚拟时空变幻、角色变换的活动；审美（Estheticism）的体验：消费者主动参与虽少但深度融入情境，如面对美国大峡谷、参观艺术画廊或博物馆等。四种体验有明显区别，消费者参与教育的体验是想学习，参与逃离现实的体验是想去做，参与娱乐的体验是想感觉，参与审美的体验是想到达现场。最丰富的体验必须包含四个领域的各个方面，是四个领域的交汇处“甜蜜地带”（sweet spot）。要设计内容丰富、具有说服力和吸引人的体验，必须用上述体验的框架作为驱动因素，进行每一个领域各个方面的创造性探索，不能局限在某一个领域内。

6.4.2.1 博物馆体验兴起的背景

近代以来，随着博物馆功能的拓展，人们逐渐开始关注博物馆教育中一些独特的东西。18 世纪美国博物馆研究者认为博物馆应该完全不同于简单的消遣娱乐，具有欣赏和启迪的功能。博物馆应依据可使观众获得的娱乐体验的范畴对博物馆各项活动进行评估，这些体验包括兴奋、探险、游戏、愉悦、沉思、遐想、观察和掌握技能。博物馆应为观众提供特殊的综合体验。此后，美国博物馆开始逐渐用相互影响的和实在的体验，作为展览的必要补充。

进入 20 世纪后，博物馆越来越被视为传播科学文化知识的终身课堂，知识传播的有效性往往成为博物馆质量评判的重要依据。博物馆的教育推广功能得到了充分认识与肯定，进而游客对博物馆体验也有了广泛认识。

20 世纪末期，伴随着信息爆炸和互联网的出现，信息以一种前所未有的速度传播，出现了信息淹没和信息冗余。在此种情形下，仅仅将博物馆作为一种知识传播的媒介，将会导致博物馆功能的被替代，从而走向边缘化。在这样的背景下，人们进入博物馆时对参观中体验的需求进一步提升了。一些博物馆与研究者强调利用体验来缩短观众与展品之间的距离，突破传统单纯的“观察—阅读”模式，通过互动式或沉浸式项目，使观众更有效地学习

对我国而言，博物馆也逐渐重视到体验环节的设置与提升。显然，在整个体验经济到来的时代背景下，关注到使用者的需求，从不同层次全面提升博物馆的体验功能，将有助于博物馆功能的充分发挥，实现其收藏、研究、教育和展示的功能，促进博物馆的持续发展。从对北京地区博物馆旅游市场调研来看，青少年群体更热衷于体验式项目的参与，中老年群体对体验式项目并无非常明显的要求。

但从市场未来的发展角度来看，博物馆体验提升是未来博物馆发展的必由之路。

6.4.2.2 博物馆体验提升的实施

博物馆应选择适合自己的体验项目，营造体验氛围，从而加深游客的印象，提升博物馆文化旅游质量。在馆中游览的环节中，影响体验效果的因素主要包括博物馆资源、环境、游客特点，如图6－2所示。

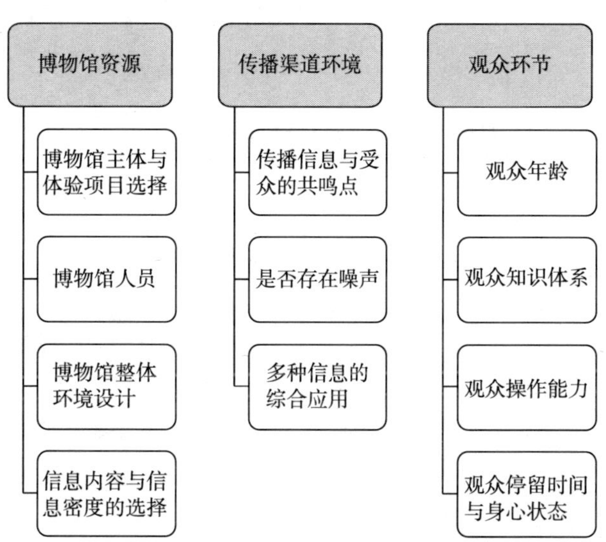

图6－2 博物馆体验效果影响因素

博物馆体验提升可以从两个层次3个角度进行解析。一个层次是从博物馆本身来研究博物馆体验提升，主要是从文物展出角度，从相关展品背景体验提升和网上博物馆的体验设计进行分析；另一层次是从游客层次角度来分析博物馆体验提升，从游客需求和游客参与体验程度角度进行分析（见图6－3）。

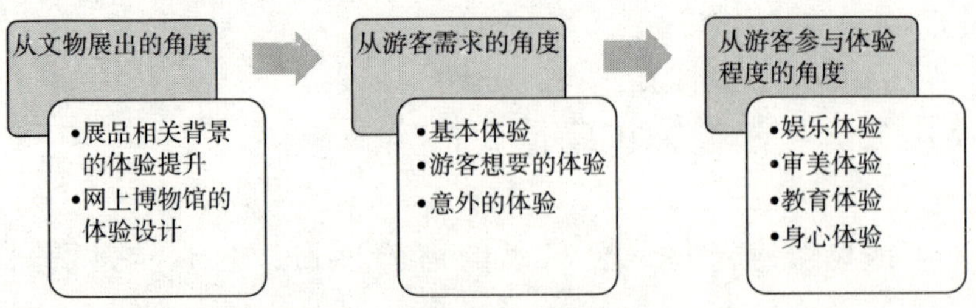

图6－3 博物馆体验提升的分析层次

显然，游客的需求与参与是博物馆体验提升需要重点关注的视角。根据马斯洛的需求层次学说和博物馆游客的主要核心利益诉求，可以进一步将博物馆的游客体验需求分为5个层次（见图6－4）。

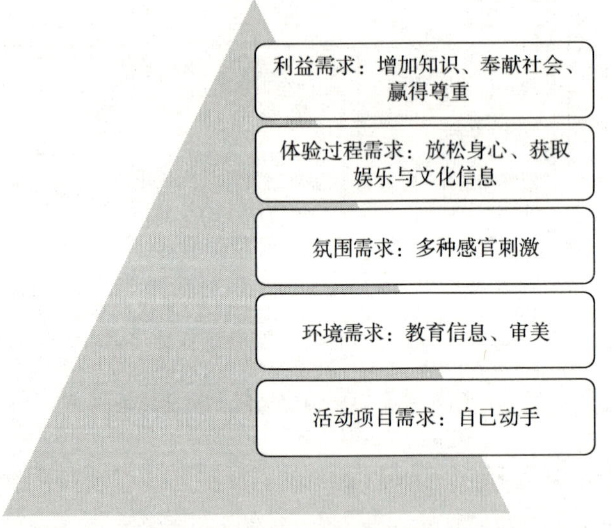

图6－4 游客在博物馆体验需求的层次

结合博物馆主体特点与游客博物馆体验需求层次，进一步将博物馆体验项目分为主动型体验项目、被动型体验项目两大类，具体有14种项目，如表6－2所示。

表6－2 博物馆体验提升项目一览表

主动/被动	参与形态	具体体验提升项目	具体提升项目情况	效果
被动型体验项目	静态为主的被动型体验项目	模型	微缩、等比、放大模型	①令观众一览全貌，印象清晰，非常有吸引力；②实现细节的精确展示
		雕塑		①直观的视觉形象；②独特的纪念价值；③结合环境，有氛围体验
		绘画	景画、全景画等	①较小的空间内展示较大的场景；②绘画中可以配置实物资料、标本、模型、雕塑等，作为烘托气氛的背景
		沙盘	简易沙盘、永久性沙盘	①立体感强；②形象直观；③制作简便；④经济实用
		场景复原		使已经消失或局部被破坏的文物标本或文化遗迹再现
	动态为主的被动型体验项目	视频播放		①更易吸引观众；②伴有音响效果更佳；③需计算游客停留时间
		动漫		①更吸引青少年；②知识性、趣味性强
		听音装置		①生动性、大众性、亲切性的特点；②替代大量的文本信息
		影院系统	借助视频、动漫、电视、幻影成像等技术来传达的综合体	①弥补某些部分凭文字和语言很难理解的缺陷；②吸引性更强

续表

主动/被动	参与形态	具体体验提升项目	具体提升项目情况	效果
主动型体验项目	操作参与为主的主动型体验	人机互动	教育性互动和实验性互动	①承载大量知识和信息；②满足了游客的好奇心和挑战精神；③实现游客的价值判断和正误辨识
		动手参与		①满足动手需求；②消除了对游客行为的束缚，减轻了游客的心理压力，也活跃了游客的思维
	展演参与为主的主动型体验	展演示范	工作人员实际操作一些展品、教具等，展演示范之后游客可自己操作	①有态度和蔼、循循善诱的工作人员参与；②游客与工作人员互动性高；③游客学习印象深刻
		剧场表演		①利用戏剧的强大艺术感染力，让游客不仅接受艺术的熏陶，而且关心故事世界的信息和传达信息的形式；②游客可角色扮演
	综合型体验项目	体验教室		①协助观众实现提升自我的需要；②更深入全面地体验式参与

随着科学技术的发展，越来越多的博物馆体验提升项目被开发出来。博物馆应结合自己的特点，抓住科技革命的契机，透过不同的体验项目，运用视觉、听觉、触觉，甚至是嗅觉与味觉的各种感官刺激，加深观众的参观体验，满足不同层次的体验需求，并对展示内容有更多的体会，

达到博物馆最终的理想——向公众展示文化魅力。

6.4.3 加强游后自觉性文化传播载体与渠道建设

一般旅游服务工作在游后环节主要表现为满意度调查，但是博物馆文化旅游主要提供游客的文化体验，当文化知识内化于游客的脑海中，无论是对记忆的印证还是新知识的检验都需要一定渠道将知识进行自觉性传播。自觉性文化传播离不开载体和渠道建设，主要包括旅游纪念品设计和传媒联合，即有形与无形渠道相结合。

6.4.3.1 加强旅游纪念品设计

近两年外国游客来京的人均花费为 1033 美元，主要花费在吃饭、住宿、门票和交通上，真正用在购物上的花费占消费的比例不到 20%。北京市的一般旅游景区，旅游商品收入仅占到景区收入的 1%。游客之所以在购物上的消费比例小，与旅游商品开发不足有很大关系。对于游客而言，博物馆旅游的感觉冲击力不如自然景区的观光旅游，但作为一次经历，游客在游后很愿意与别人分享，纪念品的功能就是分享文化交流的载体。

博物馆旅游的目的是让大家在休闲的过程中获得知识，是一个将专业化知识转化为大众知识、将专业语言转换为大众语言的再生产过程，因此在设计纪念品的工作中，在着力打造精品的同时，要注意纪念品的实用性，体现“设计精良，物美价廉”的理念。具体运行可以采用艺术授权和自我开发两个途径：艺术授权就是将博物馆拥有知识产权的馆藏品的复制权委托专门公司进行开发，如对名人故居中的名人字画、艺术类博物馆中的艺术品的复制开发；自我开发旅游纪念品需要博物馆建立专门的团队进行商品设计，将商品分档次开发，例如分为礼品和普通纪念品两个档次。上海博物馆已经将自主开发的旅游商品渗透到人们的日常生活中，如茶杯垫、毛巾、围巾等，LOGO 标识是博物馆的馆藏珍品，营业额 2008 年已经达到 4000 万元，是博物馆旅游纪念品开发的典范。

6.4.3.2 加强传播渠道建设

博物馆旅游者只能到现场体验和感受，致使受传者的范围较小，仅以文物陈列与观众对话往往太单一。把文化产业的方式引进博物馆的传播渠道能够弥补陈列展览模式之不足，为了加强游客游后文化印象，需要为游客提供文化认知与自觉传播的渠道，可以采取复制手段和发挥网络等高新传播技术的作用，开创博物馆文化自觉传播渠道。能够引起游客文化共鸣的渠道主要包括大众媒体和特殊媒体。

第一，大众传媒渠道。博物馆为图书音像制品及旅游纪念品开发、文化交流、新闻宣传、影视拍摄、会展业等相关产业提供素材，并进一步对文物市场、收藏拍卖、人才流动、出版发行、教学科研、技能培训等产生深远的影响。进入了信息时代，高新技术的发展使世界变得越来越小，博物馆文化应该充分展示自身独具的魅力。

博物馆与社会媒体应建立广泛合作关系，依靠它们来进行推介，将博物馆的名声与文化进行扩散，为游客提供游后文化交流的重要渠道。由于陈列展览的时空局限，其信息传播的内容主要基于文物藏品显性信息，而一些重要的信息，并不直接包容于藏品物质实体之中，甚至不能由物质实体特征表现出来。正如沈庆林先生所言："近、现代历史文物价值主要体现在它的社会关系上，不是仅仅通过对器物学的研究可以判断的。"

博物馆旅游资源正处于由实体博物馆以实体藏品占展览主导地位的"实物导向"转变为"信息导向"、以信息为基础提供文化服务的阶段。博物馆的游客拓展存在着过于依赖旅行社和亲友人际传播，媒体作用还没有进一步得以发挥。

大众传媒覆盖面广、速度快，影响力大，能迅速扩大博物馆的社会影响，为游客的自觉传播提供渠道。例如，湖南省博物馆借助湖南卫视的品牌号召力，合力包装打造了大型专题纪录片，提高了该陈列在全国范围内的受众知晓率，年参观人次达 649621 人，游客量翻了一番。据长沙市城调队调查数据统计，通过电视、报纸、网络主流媒体得知"国家宝藏展"消息的占到了 84.4%。该馆借助临展与湖南卫视紧密合作，突破纪录片的限制，尝试探索各种题材的电视节目，如新闻、脱口秀、专题片等。对于参观过该博物馆的游客而言，找到了印证文化内涵的时机和传递文化的渠道，具有成就感，从而促进了博物馆文化旅游的质量。

要"激活"博物馆潜在旅游资源，就必须加强包装和宣传，多渠道地扩大其知名度和影响力。以名人故居为例，宣传的方式有很多。如把分散的故居集体包装制作成电视系列片，系统地介绍北京的名人及其故居，与电视台合作定期在电视台播放增加受众；此外有条件的话还可以在故居拍一些名人传记的电视剧，刘墉故居、纪晓岚故居就是随着《宰相刘罗锅》《铁齿铜牙纪晓岚》的播放而迅速火热的，而游客对在故居中的文化体验部分在剧中得到了印证，当然，也指出了其中不符合实际的片段。博物馆精美的宣传手册、繁华地带设立的大型广告宣传牌、在交通要道的路标指示牌及博物馆举办的文化旅游活动等都成为游客回忆美好体验的线索。

第二，特殊传媒渠道。特殊传媒渠道就是通过特殊受众达到释放信息的渠道。主要指互联网渠道，包括数字博物馆和网络游戏的开发。随着数字博物馆（虚拟博物馆）理论的提出与实践，电脑游戏在当代博物馆文化传播中的作用不容忽视。建立在数字博物馆概念上的网络游戏可以在智能终端上操作，更侧重娱乐性，具有健康文化导向的游戏设计与目前大多博物馆的互动项目在“寓教于乐”的功能上是完全一致的。在知识产权保护越来越得到重视的今天，博物馆拥有的大量文字、图片、实物甚至建筑物及其数字化的资料，都是归博物馆唯一拥有的无形资产。把网络游戏引人博物馆的文化传播事业，不但能够丰富博物馆的发展理念，而且有可能给博物馆带来更多有形和无形的价值，有越来越多的博物馆的互动项目已经全部或部分利用了多媒体效果。如北京奥林匹克森林公园中的廉洁奥运主体展馆采用的体验式多媒体项目，与网络游戏软件的设计非常相似，提醒游客“那次旅游的经历”。在游戏产业中，游戏制作公司拥有的资金、技术都是博物馆在发展文化产业时普遍缺乏的；而博物馆拥有的文化资源，恰恰是游戏制作公司所没有的，网络游戏的设计为加深游客的游后印象起到非常重要的作用，同时为游客对博物馆文化进行二次自觉传播提供了渠道。

参考文献

[1] 派恩二世，季二摩，夏业良，等，译. 体验经济（修订版）[M]. 北京：机械工业出版社，2008.

[2] 约翰·赫·福克，林恩·迪·戴尔金. 博物馆体验 [M]. 宋向光，译. 1994.

[3] 王冠玲. 博物馆体验型旅游产品开发研究 [D]. 成都理工大学，2007.

[4] 邹芸. 博物馆旅游的体验化研究 [D]. 四川师范大学，2010.

[5] 任丽娜，张立明. 基于游客体验的综合博物馆旅游产品开发——以湖北省博物馆为例 [J]. 云南地理环境研究，2010，(2)：92-97.

[6] 陈桂洪，黄远水，张雅菲. 国内博物馆旅游研究进展与启示 [J]. 乐山师范学院学报，2010，(12)：74-79.

[7] 乐俏俏. 体验在博物馆学习中的意义及其实现 [D]. 浙江大学，2008.

[8] 段若鹏，李秋硕. 博物馆体验型旅游产品开发研究——以杭州运河博物馆群为例 [J]. 哈尔滨师范大学社会科学学报，2012 (1)：70-75.

[9] 徐永红. 博物馆旅游体验研究 [D]. 河南大学，2006.

[10] 周兰. 以游客体验为基础的产品开发——ASEB 栅格分析法——以白鹤梁水下博物馆为例 [J]. 商场现代化，2006 (30)：166-167.

[11] 谢彦君. 基础旅游学 [M]. 北京：中国旅游出版社，2004：115-116.

[12] 董方慧. 城市博物馆旅游开发模式研究——以无锡为例 [D]. 北京：北京交通大学，2012.

[13] 博物馆旅游的符号意义体验价值初探 [J]. 重庆广播电视大学报，2007 (12)：46 - 48.

[14] 朱士麒. 南京地区博物馆旅游发展现状与前景展望研究 [J]. 江苏科技信息，2013 (9)：69 - 71.

[15] ADAMS P，GHOSE R. The construct ion of a space between India [J]. Progress in Human Geography，2003，27 (4)：414 - 437.

[16] SKADBERG Y X，SKADBERG A N，KIMMEL J R. Flow experience and it s impact on the ef f ectiveness of a t ou rism w ebsit e [J]. In format ion Technol ogy & T ou rism，2005 (7)：147 - 156.

[17] 吴士锋，陈兴鹏，路紫，等. 网站信息流对旅游人流增强作用研究 [J]. 现代情报，2009，29 (11)：220 - 224.

[18] 龙茂兴，孙根年，等. 区域旅游网络关注度与客流量时空动态比较分析——以四川为例 [J]. 地域研究与开发，2011，30 (3)：97.

[19] 马丽君，孙根年，黄芸玛，周瑞娜. 城市国内客流量与游客网络关注度时空相关分析 [J]. 经济地理，2011，31 (4)：684 - 685.

[20] 龙茂兴，龙珍付. 旅游地网络关注度的客流时序响应——以张家界和遵义为例 [J]. 商业时代，2013 (17)：58.

[21] 路紫，赵亚红，吴士锋，等. 旅游网站访问者行为的时间分布及导引分析 [J]. 地理学报，2007，62 (6)：621 - 630.

[22] 李山，邱荣旭，陈玲. 基于百度指数的旅游景区网络空间关注度：时间分布及其前兆效应 [J]. 地理与地理信息科学，2008，24 (6)：102 - 107.

[23] 龙茂兴. 网络关注度的客流响应差异成因分析——以张家界和遵义为例 [J]. 科学咨询（科技·管理），2013 (9)：68 - 70.

[24] 首都博物馆 [EB/OL]. [2014 - 02 - 22]. http：//baike. baidu. com/link? url = xX0FrAaBnmXh - aCbZsciz5cdYEtDdcp39dHF - okMztvtfJqyNc_ FZgl4cS6N - Lnn.

[25] 汪秋菊，贾宇，刘宇，王静. 奥运场馆水立方的客流量与网络关注度关系分析 [J]. 东北石油大学学报，2013，37 (5)：118 - 119.

[26] 自然博物馆 [EB/OL]. [2014 - 02 - 22]. http：//baike. baidu. com/link? url = WCEruBICnOS1hhtHgzV9sWTz - M8BGNXSiQG - heWH4efJFnqXxka2x6iKfa2dKvjj.

附录一

博物馆文化旅游产品质量满意度现状调查表

尊敬的女士/先生：

您好！为了了解目前游客对博物馆文化旅游产品质量的满意度，构建出博物馆文化旅游产品质量评价体系，北京联合大学旅游学院现开展此项课题研究。我们诚挚地邀请您参与问卷调查，请您根据自己对博物馆旅游的经历和真实的感受进行选择，所填结果无所谓对错之分。本次调查所得的信息仅用于学术研究，我们会对问卷中涉及您的相关信息严格保密。

如未做特殊说明，本次调查的题目均为单项选择题，请在对应选项上打“√”。

衷心感谢您的协助！

北京联合大学旅游学院

一、个人基本情况

A1. 您的性别：1. 男　　2. 女

A2. 您的年龄：

1. 18 岁以下　2. 18 ~25 岁　3. 26 ~35 岁

4. 36 ~45 岁　5. 46 ~60 岁　6. 60 岁以上

A3. 您的学历（包括在读）：

1. 初中及以下　2. 高中（中专）　3. 大专及本科

4. 硕士及硕士以上

A4. 您的职业：

1. 政府工作人员　2. 企业管理人员　3. 公司普通职员

4. 教师、科研人员等文教工作人员　5. 工人

6. 个体经营者　7. 军人　8. 离退休人员　9. 学生

10. 其他________（请填写）

A5. 您家庭的平均月收入（元）：

1. 2000 及以下　2. 2001～4000　3. 4001～8000

4. 8001～10000　5. 10001～20000　6. 20000 以上

A6. 您来自________省________市

A7. 您的家庭结构：

1. 单身　2. 夫妻二人　3. 二代同堂（包括三口之家）

4. 三代同堂　5. 其他

A8. 您倾向的出游方式：

1. 个人　2. 与朋友一起　3. 与家庭成员一起　4. 有组织的出游形式（如由单位、旅行社、社区等进行组织）

A9. 北京的博物馆您近一年参观了________个。

A10. 您得知该博物馆信息的主要来源和渠道（可选多项）

1. 电视　2. 报纸书刊　3. 网络宣传　4. 旅游中介组织推荐　5. 朋友或家人介绍　6. 宣传牌　7. 旅游路线中包括的参观点　8. 博物馆的品牌效应

A11. 到达博物馆之前您能够获取的博物馆信息有：

1. 开放时间　2. 门票信息　3. 交通　4. 地址　5. 展览活动介绍　6. 食宿信息　7. 停车场　8. 展厅介绍

9. 讲座 10. 纪念品商店 11. 馆内导览信息 12. 藏品介绍 13. 注意事项 14. 电话 15. 邮箱 16. 微信公众号 17. 微博 18. 外文网站 19. 其他________

您觉得以上信息还需补充和完善的有（写序号）

____

二、游客对首都博物馆文化旅游产品质量的满意度

出游动机

B1. 您今天的心情

1. 非常不好 2. 不好 3. 一般 4. 好 5. 非常好

B2. 您参观博物馆的动机是接受教育

1. 根本不是 2. 无所谓 3. 有一点 4. 主要动机 5. 全部动机

B3. 您参观博物馆的动机是体验文化

1. 根本不是 2. 无所谓 3. 有一点 4. 主要动机 5. 全部动机

B4. 您参观博物馆的动机是消磨时间

1. 根本不是 2. 无所谓 3. 有一点 4. 主要动机 5. 全部动机

B5. 您参观博物馆的动机是陪家人或朋友

1. 根本不是 2. 无所谓 3. 有一点 4. 主要动机 5. 全部动机

B6. 您参观博物馆的动机是参加活动

1. 根本不是 2. 无所谓 3. 有一点 4. 主要动机 5. 全部动机

B7. 您参观博物馆的动机是为了满足好奇心

1. 根本不是 2. 无所谓 3. 有一点 4. 主要动机
5. 全部动机

B8. 您参观博物馆的动机是因为工作或学习的需要

1. 根本不是 2. 无所谓 3. 有一点 4. 主要动机
5. 全部动机

B9. 您参观博物馆的动机是出于个人喜好

1. 根本不是 2. 无所谓 3. 有一点 4. 主要动机
5. 全部动机

B10. 您参观博物馆的动机是服从多数人的选择

1. 根本不是 2. 无所谓 3. 有一点 4. 主要动机
5. 全部动机

B11. 博物馆发布的展览信息引起您参观兴趣的程度

1. 根本不能引起兴趣 2. 不能引起兴趣 3. 一般
4. 能够引起兴趣 5. 绝对能引起兴趣

B12. 对您来说博物馆的可达性

1. 非常难到达 2. 难到达 3. 一般 4. 容易到达
5. 非常容易到达

B13. 城市的交通标识清晰度（如在地铁站、公交站等处的标识）

1. 非常模糊 2. 模糊 3. 一般 4. 清晰
5. 非常清晰

B14. 您对博物馆促使您出游所做的工作的满意度

1. 非常不满意 2. 不满意 3. 一般 4. 满意
5. 非常满意

游中

满意的程度：1. 非常不满意 2. 不满意 3. 一般 4. 满意 5. 非常满意

（1）陈列展览

博物馆文化旅游产品质量影响因素	满意程度
C1. 展品的展览方式的多样性	1 2 3 4 5
C2. 展品的展览方式的新颖性	1 2 3 4 5
C3. 展览柜台设计适合儿童、成年人、老人、残障人士	1 2 3 4 5
C4. 展品的信息清楚明了，易于理解	1 2 3 4 5
C5. 互动性的展览，有详细的操作说明和介绍	1 2 3 4 5

C6. 您对博物馆的陈列展览的总体满意度

1. 非常不满意 2. 不满意 3. 一般 4. 满意 5. 非常满意

（2）体验性产品开发

博物馆文化旅游产品质量影响因素	满意程度
C7. 博物馆带来的审美体验	1 2 3 4 5
C8. 所展展品传播历史文化的能力	1 2 3 4 5
C9. 所展展品传播风俗习惯的能力	1 2 3 4 5
C10. 所展展品传播科技教育知识的能力	1 2 3 4 5
C11. 博物馆的环境氛围设置的体验效果	1 2 3 4 5
C12. 游客的参与程度	1 2 3 4 5

C13. 您对博物馆开发的体验性产品的总体满意度

1. 非常不满意 2. 不满意 3. 一般 4. 满意 5. 非常满意

(3) 服务设施

博物馆文化旅游产品质量影响因素	满意程度
C14. 博物馆内的各种服务标识清晰明了	1 2 3 4 5
C15. 很容易找到物品寄存处	1 2 3 4 5
C16. 垃圾箱便于找到	1 2 3 4 5
C17. 地面干净整洁，无纸屑、垃圾等	1 2 3 4 5
C18. 卫生间卫生、气味	1 2 3 4 5
C19. 休息区域空间布局的合理性	1 2 3 4 5
C20. 网络服务如 WiFi、移动信号等的方便性	1 2 3 4 5
C21. 休息座位充裕	1 2 3 4 5
C22. 电梯运行良好	1 2 3 4 5
C23. 饮用水的提供	1 2 3 4 5
C24. 博物馆内配备的手机充电设备的充足性	1 2 3 4 5
C25. 博物馆停车位的数量	1 2 3 4 5
C26. 博物馆停车场的标示牌清晰可见	1 2 3 4 5
C27. 博物馆停车场进出便捷程度	1 2 3 4 5
C28. 博物馆提供儿童游憩设施设备	1 2 3 4 5
C29. 博物馆提供残疾人专业通道	1 2 3 4 5
C30. 博物馆展品摆放位置的高低	1 2 3 4 5
C31. 博物馆展品摆放的疏密程度	1 2 3 4 5
C32. 展览环境与博物馆主题风格相符合	1 2 3 4 5
C33. 博物馆的展览灯光效果	1 2 3 4 5
C34. 博物馆展览布局的合理性	1 2 3 4 5

C35. 您对博物馆内服务设施的总体满意度

1. 非常不满意　2. 不满意　3. 一般　4. 满意

5. 非常满意

（4）馆内旅游过程中的工作服务

博物馆文化旅游产品质量影响因素	满意程度
C36. 博物馆工作人员的服务态度	1 2 3 4 5
C37. 博物馆设置的参观路线	1 2 3 4 5
C38. 博物馆的旅游纪念品商店	1 2 3 4 5
C39. 博物馆旅游纪念品店服务人员的态度	1 2 3 4 5
C40. 博物馆旅游纪念品的特色	1 2 3 4 5
C41. 博物馆旅游纪念品的价格	1 2 3 4 5
C42. 博物馆旅游纪念手册的获取方式的便利程度	1 2 3 4 5
C43. 博物馆旅游纪念手册内容丰富	1 2 3 4 5
C44. 博物馆旅游纪念手册特色鲜明、纪念性强	1 2 3 4 5
C45. 博物馆旅游纪念手册排版合理	1 2 3 4 5
C46. 解说员给人的整体印象	1 2 3 4 5
C47. 讲解员讲解的内容的丰富性	1 2 3 4 5
C48. 解说员讲解时与游客的互动性	1 2 3 4 5
C49. 自助式语音导览系统租借的方便程度	1 2 3 4 5
C50. 博物馆明信片的特色性	1 2 3 4 5
C51. 博物馆明信片邮寄的便捷程度	1 2 3 4 5
C52. 对在触控式屏幕上获得的内容是否满意	1 2 3 4 5
C53. 自助式语音导览系统语言清晰度	1 2 3 4 5

C54. 通过解说牌能否让您对展品有清楚的认识

1. 一点都不能 2. 不能 3. 一般 4. 能 5. 非常能

C55. 讲解员的解说是否让您有所收获

1. 一点也没有收获 2. 没有收获 3. 一般

4. 有收获 5. 非常有收获

C56. 对在博物馆游览过程中的服务的总体满意度

1. 非常不满意 2. 不满意 3. 一般 4. 满意

5. 非常满意

游后

D1. 参观之后对博物馆是否有更深的了解

1. 一点也没有　2. 没有　3. 一般　4. 有所了解

5. 理解得很深

D2. 您是否愿意到本博物馆再次旅游

1. 非常不愿意　2. 不愿意　3. 一般　4. 愿意

5. 非常愿意

D3. 您是否愿意向亲朋好友推荐

1. 非常不愿意　2. 不愿意　3. 一般　4. 愿意

5. 非常愿意

D4. 您是否清楚意见发表或投诉的渠道

1. 非常不清楚　2. 不清楚　3. 一般　4. 清楚

5. 非常清楚

D5. 游完之后，您是否愿意通过微信、微博等社交媒体对博物馆进行关注

1. 非常不愿意　2. 不愿意　3. 一般　4. 愿意

5. 非常愿意

D6. 有电视或媒体节目播放有关本博物馆的信息时您是否愿意同别人分享这次经历

1. 非常不愿意　2. 不愿意　3. 一般　4. 愿意

5. 非常愿意

D7. 您是否支持本博物馆内容做成电子游戏产品

1. 非常不支持　2. 不支持　3. 无所谓　4. 支持

5. 非常支持

D8. 您是否支持本博物馆内容做成电视产品

1. 非常不支持 2. 不支持 3. 无所谓 4. 支持

5. 非常支持

D9. 博物馆的公益活动您是否愿意参加

1. 非常不愿意 2. 不愿意 3. 一般 4. 愿意

5. 非常愿意

D10. 您认为文化旅游服务中志愿者服务存在的必要性

1. 一点也没必要 2. 没必要 3. 无所谓 4. 有必要

5. 非常有必要

D11. 您对这次游览的满意程度

1. 非常不满意 2. 不满意 3. 一般 4. 满意

5. 非常满意

D12. 您对北京市的博物馆文化旅游是否满意

1. 非常不满意 2. 不满意 3. 一般 4. 满意

5. 非常满意